中国农村经济评论

China Rural Economic Review

2025 年第 1 辑

（总第 2 辑）

农业农村部农村经济研究中心◎主编

中国出版集团有限公司
研究出版社

图书在版编目 (CIP) 数据

中国农村经济评论 . 总第 2 辑 / 农业农村部农村经济
研究中心主编 . — 北京 : 研究出版社，2025.6.
ISBN 978-7-5199-1892-7

Ⅰ. F32-53

中国国家版本馆 CIP 数据核字第 2025F6Z434 号

出 品 人：陈建军
出版统筹：丁　波
策划编辑：寇颖丹
责任编辑：韩　笑

中国农村经济评论 总第 2 辑

ZHONGGUO NONGCUN JINGJI PINGLUN ZONG DIERJI

农业农村部农村经济研究中心　主编

研究出版社 出版发行

（100006　北京市东城区灯市口大街 100 号华腾商务楼）

北京建宏印刷有限公司印刷　新华书店经销

2025 年 6 月第 1 版　2025 年 6 月第 1 次印刷

开本：710 毫米 × 1000 毫米　1/16　印张：7.75

字数：122 千字

ISBN 978-7-5199-1892-7　定价：48.00 元

电话（010）64217619　64217652（发行部）

编辑委员会

主 任

金文成

编 委（按姓氏笔画排序）

马 凯　王 欧　王忠海　孔祥智　龙文军

朱 晶　刘俊杰　刘守英　刘景景　杜志雄

杨春华　何安华　张雯丽　张照新　张灿强

张红宇　陈 洁　金书秦　尚旭东　胡向东

姜 楠　姜长云　高 鸣　郭晓鸣　唐 忠

黄季焜　曹 慧　韩一军　廖洪乐　谭智心

翟雪玲

编辑部主任

陈艳丽

卷 首 语

       农业农村部农村经济研究中心（以下简称"农研中心"）作为"三农"政策研究国家队，肩负着为国家制定农村经济政策、谋划农村发展战略、深化农村改革提供决策咨询和对策建议的职责使命。2024年，农研中心以高度的责任感和使命感，推出了《中国农村经济评论》辑刊，这既是中心创建国家"三农"高端智库的一项重要成果，也是全国"三农"学界加强联系与合作的高质量高水平学术成果交流平台。

       2025年是"十四五"规划的收官之年，也是贯彻落实党的二十届三中全会精神的关键一年。贯彻落实全面深化改革的战略部署，今年中央一号文件强调，要运用好深化改革这一法宝，持续增强粮食等重要农产品供给保障能力、持续巩固拓展脱贫攻坚成果，着力壮大县域富民产业、推进乡村建设、健全乡村治理体系、健全要素保障和优化配置体制机制，千方百计推动农业增效益、农村增活力、农民增收入，为"三农"政策研究和学术研究指明了方向。《中国农村经济评论》将紧紧围绕这些重点任务，坚持权威性、专业性、前瞻性的办刊宗旨，关注"三农"发展新趋势、新现象，聚焦"三农"发展中的热点难点问题，努力保持高水准的学术质量和理论创新精神，为推进乡村全面振兴贡献更多智慧与力量，共同书写新时代农业农村高质量发展的新篇章。

　　2025年第1辑以中央一号文件和中央农村工作会议精神为指引，聚焦乡村振兴、农业农村现代化、农民增收等热点难点问题，致力于深化农村改革理论与实践的探索，通过多个维度深入探讨乡村振兴，深入解读中央农村工作会议精神，针对进一步缩小城乡差距，提出如何促进农民增收，以及探讨数字化销售模式在农业企业中的应用和农村产权流转交易市场建设等，既关注理论研究的前沿动态，更注重实践创新的经验总结，为读者提供全面、系统的政策解读和理论指导。

　　为更好打造《中国农村经济评论》这一汇聚智慧、共话"三农"、交流思想、共谋发展的交流平台，我们诚挚邀请国内外"三农"领域的专家学者参与讨论，您的真知灼见将为我们进一步办好《中国农村经济评论》提供宝贵参考。同时，我们也注重发掘和培养青年学者，鼓励青年学者将最新研究成果在《中国农村经济评论》展示交流。您的优秀研究成果和真知灼见，我们还将通过内刊渠道呈送有关方面作为决策参考。期待与更多的学者、专家以及"三农"工作者携手合作，深耕这片沃土，共同为推动构建农经领域自主知识体系、加快建设农业强国贡献更多智慧和力量。

《中国农村经济评论》编辑部

2025 年 3 月

目　录

对乡村振兴的几点认识

杜 鹰

（国家发展和改革委员会）

推进乡村全面振兴是新时代新征程"三农"工作的总抓手。围绕为什么要推进乡村振兴、乡村振兴要振兴什么，以及如何推进乡村振兴，我谈几点认识。

一、促进乡村振兴就是要振兴乡村特有的功能

2017年，党的十九大作出实施乡村振兴战略的决策，明确提出乡村振兴战略的总体要求和"五大振兴"的重点任务，这是党中央根据我国社会主要矛盾的深刻变化，以及我国发展最大的不平衡是城乡发展不平衡、最大的不充分是农村发展不充分的实际作出的重大部署。2021年，全国人大常委会会议通过的《中华人民共和国乡村振兴促进法》指出，促进乡村振兴就是要振兴乡村特有的功能，这进一步帮助我们从城乡具有不同功能的角度加深了对乡村振兴的理解。城市有城市的功能，乡村有乡村的功能，促进乡村振兴，并不是要把乡村建设得和城市一样，而是要把乡村特有的功能充分发挥出来。一般地讲，乡村具有三大功能：一是保障农产品有效供给，二是提供生态公共产品，三是保护和传承中华优秀传统文化。现在的问题是，在工业化和城镇化快速推进的阶段，乡村的三大功能都面临着弱化甚至是衰落的风险。

在确保国家粮食安全和重要农产品有效供给方面，尽管我国粮食产量连续10年稳定在1.3万亿斤以上，2024年的产量首次达到1.4万亿斤，但是另一方

本文系作者在中国农业大学2025中国农业发展新年论坛上的发言。
作者系国家发展和改革委员会原副主任，农业农村部乡村振兴专家咨询委员会委员。

面，由于需求侧消费升级和供给侧成本抬升的叠加变化，我国粮食及重要农产品的供求关系更加紧张，蛋白质类农产品的供求缺口不断扩大，成为我国农业现阶段面临的最大挑战。

在生态环境和可持续发展方面，据第三次全国国土资源调查，2019年底全国耕地面积为19.18亿亩，比10年前的第二次全国国土资源调查减少了1.13亿亩，要确保实现到2030年全国耕地保有量18.25亿亩的目标，任务十分艰巨。农业面源污染严重，据生态环境部公布的2022年全国地表水环境质量状况调查，农业面源污染已超过城市生活和工业点源污染，成为首要污染源。特别是我国的农业生产成本居高不下，2005—2022年，三大粮食作物的亩均生产成本从425元增加到1253元，是原来的2.95倍，年均上涨6.6%，严重削弱了我国农产品的国际竞争力和农业的可持续发展能力。

在保护传承民族传统文化方面，中华优秀传统文化的核心是农耕文明，农耕文明的根基在乡村，而现在的问题是城市的过密化与农村的过疏化并存。一方面是城镇化加速推进，城市面貌日新月异；另一方面是农村的劳动力、人才、资金、土地等要素大量流失，农村人口老龄化、村庄空心化、乡村"失血贫血"和活力不足问题突出。前几年我在安徽、江西、四川分别调查了三个村庄，这三个村庄的人口年龄结构已经不是正常的"橄榄型"，而是两头大、中间小的"哑铃型"，原因是村里的年轻人都跑到城里打工去了。农村的过疏化，不仅带来"谁来种田"的问题，还预示着传统农耕文明面临衰落的风险。

促进乡村振兴，实质上就是要把乡村所特有的、全社会发展进步须臾不能离开的，同时又面临着弱化和衰落风险的功能振兴起来，这样才能更好地把握乡村振兴的本质。

二、要把确保国家粮食安全和重要农产品有效供给作为乡村振兴的首要任务

近20年来，我国的粮食产量从4.6亿吨增加到7亿吨，人均粮食占有量从

365千克增加到近500千克，而蛋白质类农产品的进口量却不断增加。这主要是由两方面的原因造成的。

首先从需求侧看，食物消费升级了。近20年来，我国城乡居民的食物消费结构发生了很大变化，从"吃得饱"转向"吃得好"，直接消费的粮食减少了，而由粮食转化的肉禽蛋奶等蛋白类食物消费量大大增加。根据生态学上的林德曼定律，在生物群落中，后一级生物从前一级生物能够有效转化过来的能量只有十分之一，其他的能量都在转化过程中被分解或失散掉了，所以又叫十分之一定律。这就是随着食物消费结构的升级，粮食反倒显得不够、国家粮食安全的数量底线也会随之抬升的生物学原因。

其次从供给侧看，中国农业进入高成本阶段。我国农产品生产成本上升过快有两个直接的原因：一是我国人多地少水更少的资源禀赋决定的，二是我国农业的生产方式基本上还是小农为主。这两条加在一起，在快速工业化城镇化过程中，就导致农产品生产成本快速上升。

从国际视角看，日本经济学家大塚启二郎认为，土地资源稀缺国家的农业在不同的发展阶段会先后碰到三个截然不同的问题，即粮食不安全问题、部门收入不平等问题、高收入阶段因农业比较优势下降带来的食物自给率下降问题。他的这一观点同样契合我国农业发展的实际情况。改革开放40多年来，我国农业在20世纪90年代中期基本解决了粮食绝对短缺问题，21世纪以来通过工业反哺农业初步解决了部门收入不平等问题，现在摆在我们面前且还没有破解的，就是因农产品竞争力下降而带来的食物自给率下降问题，这是新阶段我国农业发展不可回避的主要矛盾。

我国适度进口农产品是必要的。但作为一个人口大国，我国把农产品的供求平衡完全寄托于国际市场，不仅不现实，而且还会受制于人。所以，确保国家粮食安全还是要立足国内，千方百计增加粮食产量和保障重要农产品有效供给，这是今后一个时期做好"三农"工作、全面推进乡村振兴的首要任务。

考察我国乡村振兴的实践，各地推进乡村产业振兴的做法大体可以归纳为两类：一类是以农业作为第一车间的一二三产业融合发展模式，这种模式以保障农产品的有效供给为主，不限于粮食等初级产品，也包括经过加工转化后的食品；另一类是以农文旅融合发展为代表的田园综合体模式，这种模式提供的主要是服务产品。这两种模式分别指向增加农产品有效供给和增加农民收入，本身并无优劣之分，但是从全局和普遍意义上讲，第一种模式是更值得重视和提倡的。首先，乡村振兴无论如何都应把保障农产品有效供给放在第一位；其次，全国真正能发展农文旅的村庄大概只占10%，更大范围的乡村则更适用于第一种模式。当然，这两种模式不是互相排斥的，如果能把两种模式融合在一起就更好。

三、乡村产业振兴特别需要在乡村价值的再发现、乡村资源的再开发上下功夫

乡村产业振兴是乡村振兴的基础和关键。乡村产业振兴的过程，实质上就是改变乡村传统的资源要素利用方式，推动生产要素从较低层次向较高层次跃迁并重新优化组合的过程。而这一过程离不开乡村价值的再发现和乡村资源的再开发。比如，通过大力发展农产品加工业延伸产业链和价值链，不仅可以大大提高农产品的附加值，而且加工业作为农业的中间需求，还可以带动整个农业生产朝着规模化、标准化、品牌化和市场化的方向发展。目前，我国农产品加工业产值与农业产值之比为2.54∶1，与20世纪90年代的0.8∶1相比是大大进步了，但是与发达国家的4∶1相比还有很大差距，说明我国发展农产品加工业还大有潜力。再比如，通过新技术的应用开发新业态，也可以提升要素的配置效率，农村电商的迅猛发展就是一个典型的代表。2023年，全国农村网络零售额达到2.49万亿元，是10年前的22倍，农村网商数量达到1730万家，比2018年增长75.6%。电商作为更便捷的商业模式，不仅增加了农村就业和农民收入，而且带动了农业转型升级和一二三产业融合发展。又比如，大力拓展农业的多功能性，也是乡村最具成长性的开发领域，最具代表性的就是乡村旅游业的兴起。相对于城镇高密度、快节奏的生活方式，乡村的田园风光、清新空气、传统

文化和悠闲情趣反倒成了稀缺资源，这就是乡村价值的再发现。这些例证都说明，乡村的资源还是那些，但是只要适应新的需求，进而改变乡村资源的传统利用方式，乡村产业振兴是大有潜力和广阔前景的。

实现乡村价值的再发现和资源的再开发，有三个重要的前提条件：第一，要坚持走城乡融合发展的路子。没有城市现代生产要素下乡，没有城市现代生产方式的引入，乡村资源的再开发是很难的。我国目前已进入城乡融合发展的新阶段，下一步，要进一步破除城乡二元结构及其体制障碍，促进城乡要素双向流动和平等交换，为城市赋能乡村振兴创造更好的条件。第二，要大力培育新技术、新模式、新业态，带动农业农村产业结构深度转型升级。我国农业生产和农村经济发展的确到了动力结构转换的时期，仅仅靠增加要素投入带动经济增长已经远远不够了，培育和发展新质生产力必须依靠技术创新、组织创新，真正把小农经济引入现代生产方式。第三，要着力培育乡村经营型人才。相对于技能型人才，当下乡村振兴最需要、最短缺的是懂市场、善经营、会管理的经营型人才，他们是在市场经济条件下重新优化配置资源的核心力量。为此，建议将目前的农业职业经理人培训体系拓展为乡村首席执行官（CEO）培训体系，更好地满足乡村产业振兴的需要。

四、建立龙头企业与集体和农民的紧密型利益联结要因势利导

乡村产业的开发，离不开新型农业经营主体。其中，引导社会资本投资农业是必要的。社会资本投资农业，通常会采取"公司+基地+农户"的运作方式，就必然会产生一个与集体和农户的利益关系问题。这个关系处理得好不好，直接关系到项目的成败得失，而要真正处理好三者利益关系并不容易。

在实践中，三者的利益联结大体上有四种方式：一是"订单农业"方式，就是龙头企业给农户下订单组织生产，农户按要求交售农产品，双方按合同价格结算，是比较单纯的市场关系。二是租地建基地方式，龙头企业把农民的土地流转过来建立生产基地，企业负责基地的开发和经营，农户除了拿到土地租金

外，还可以在基地打工拿到劳务收入，这是比"订单农业"联系更紧密的一种方式。三是"利润返还"方式，比如浙江的丝绸公司，采取保底价收购蚕茧，再从公司盈利里拿出一定比例返给集体和农户，这种方式就更加稳定了龙头企业与农民之间的关系。四是股份合作制，就是龙头企业以资金、技术、机器设备入股，集体和农户以土地入股，组建股份合作的利益共同体，形成利益共享、风险共担机制，这是利益联结最紧密的一种方式。

选择哪种利益联结方式是市场行为，要由农户和企业去选择，不能以行政命令强推。现在的问题是，在实践中，龙头企业与集体、农户大多采取松散的利益联结方式，采取紧密型利益联结方式，特别是实行股份合作制的少而又少，这既有企业方面的原因，也有农民的顾虑。企业认为已经给农民付了租金和薪金，没有必要再给农民分红了，而且不愿意让集体和农户参与企业的决策，产生矛盾不好解决；另外，农民更看重的是眼前利益，对入股合作不感兴趣，不愿意与企业共同承担经营风险，也不愿意绑成利益共同体。

由此可见，尽管发展紧密型利益联结是我们的政策导向，但真正实行起来是有条件的。一是要形成一定的规模，在这种情况下，企业和农户谁也离不开谁；二是要提高农民的组织化程度，有了合作社，就可以降低与企业打交道的交易成本；三是要加强农村信用体系建设，强化企业的社会责任，同时也要培育农民的契约意识。因此，发展紧密型利益联结要讲究条件，要顺势而为、因势利导、水到渠成。

五、深化农村集体产权制度改革是在市场经济条件下实现乡村振兴的重要前提

农村集体经济组织是乡村振兴的主体，影响着乡村振兴的成色和质量。过去，村集体资产产权界定不清晰，往往是少数干部说了算，村民对集体经济的发展漠不关心，所以产权制度改革势在必行。

村集体经济有两块经营性资产：一块是集体建设用地，40多年前开始的农

村改革，把这块资产界定清楚了；另一块是非土地的经营性资产，农村集体产权制度改革，主要指的是第二块资产。深化集体产权制度改革，就是要将集体的经营性资产清产核资、划定股权、确定成员权，将经营性资产折股量化到全体成员，组建股份合作社。财产关系清晰了，激励约束机制建立了，才能促进集体经济更好发展。

需要注意的是，我国农村集体经济组织并不是一般意义上的企业。农村的集体所有制是非常特殊的一种所有制形态，农村集体经济组织既有成员的合作性，又有地域上的封闭性。这种封闭性表现为成员权是不能流动的，即便是股改之后，股权也不能跨社区流动，而只能作为集体分红的依据。集体土地也有类似的问题。所以，与城市企业的股份制改革相比，农村集体产权制度改革看起来好像形态上差不多，但本质上却有很大的区别，根本的区别点就在于城市企业的要素是可以流动的，而农村集体经济的要素不能流动，因为村集体经济是不能破产的。从法律规定上看也是这样，企业适用于《中华人民共和国公司法》（以下简称公司法），但公司法不适用于农村集体经济，所以我国的《中华人民共和国民法典》才给农村集体经济组织设立了一个特殊法人地位。

那么，资产不能流动的集体经济怎样才能和市场经济对接呢？可行办法就是，由改革后的村集体股份合作社拿出一块资产另建股份公司，这个公司是有限责任的，股权是可以流动的，公司也是可以破产的，问题也就解决了。而要实现农村集体经济和市场经济的对接，前提就是要实行农村集体产权制度改革，这项改革的重要意义即在于此。

加快农民收入增长是缩小城乡差距的重要选择

马晓河

（中国宏观经济研究院）

在推进中国式现代化进程中，增加农民收入有两个基本逻辑：一个是居民收入与经济增长基本同步，另一个是必须不断缩小城乡居民收入差距。两个逻辑都要求今后农民收入必须保持一个合理增长速度。以2020年为基期，到2035年如果城镇居民和农村居民收入都实现与国内生产总值同步翻一番的增长目标，届时城乡居民收入差距不但不能缩小还会出现扩大趋势。因此，今后一个阶段，必须加快农民收入增长速度，才能不断缩小城乡居民收入差距。当前，农村低收入人口群体比重过高、农业收益下滑过快、城镇化进程提前放缓、制造业向外转移和资本技术替代劳动，都给农民增加收入带来较大障碍。还有，过早过快的人口老龄化导致"挣钱"人群减少、"花钱"人群增多，以及体制供给不足也不利于农民增收。加快农民收入增长，既要依靠农民自身力量，也要充分发挥政府的政策支持作用。要协调好政府与市场、农民的关系，充分发挥我国制度优势，构建加快农民增收的制度政策体系，系统解决农民收入偏低的问题。

一、农民收入必须保持一个合理增长速度

在消除绝对贫困、全面建成小康社会之后，党的十九届五中全会和党的二十大相继提出，到2035年基本实现社会主义现代化。届时，国民经济总量和城乡居民人均收入再迈上一个新的大台阶，人均国内生产总值（GDP）达到中等

发达国家水平。如果按照居民收入年均增速与GDP同步，那么，到2035年城乡居民可支配收入应分别比2020年再增长一倍。即城乡居民可支配收入（按2020年不变价格）分别由2020年的43 833.8元、17 131.5元提高到87 667.6元、34 263元。

实际上，2020—2023年，城镇居民可支配收入已经提高了14.34%，年均增长4.57%，农民收入提高了23.00%，年均增长7.14%。按照2020年不变价格，2023年城乡居民收入分别达到50 123元、21 072元。在2023年的基础上，要实现2035年城乡居民可支配收入比2020年翻一番的要求，今后12年分别只需要增加到87 668元、34 263元，每年城乡居民可支配收入分别增长4.73%、4.13%。按照趋势外推，由于城镇居民收入基数大、农民收入基数小，同样实现一个百分点的增长，结果都会出现明显差距，可能出现四种情形：

第一，城乡居民收入基本实现同步增长，若到2035年均实现比2020年翻一番的增长目标，届时城乡收入差距将回到2020年的2.56∶1。

第二，城乡居民收入差距保持2023年2.39倍不再扩大，按此计算，到2035年农民收入应该增加到36 681元（按照2020年不变价格，下同），年均增长率应与城镇居民相同。

第三，城乡居民收入差距缩小到2∶1，即到2035年农民收入应增加到43 833.8元，比2023年增长108.02%，年均增速需要达到6.3%。

第四，届时中国已经成为中等发达国家，而从英、美、法、日、韩、以色列的发展历史看，城乡居民收入差距都在1.5∶1以下。如果2035年中国城乡居民收入差距缩小到1.5∶1，届时农民收入应该提高到58 445元，比2023年增长1.77倍，年均需要增长8.9%，但这是相当困难的。

二、农民增收面临的问题与挑战

从现在起到2035年，在实现中国式现代化过程中，要加快农民收入增长并持续缩小城乡收入差距，还面临着一些困难：

第一，农村是集聚低收入人口的"洼地"。在测算农村低收入人口规模时，引入以下两种方法。

一是按世界银行标准，成年人每日收入/消费支出在10美元以下者为低收入人群。

若按购买力平价测算：2023年世界银行数据，人民币兑美元汇率为1∶3.99，中等收入者标准为年收入14 564—145 635元人民币，即月收入在1214元以下者属于低收入人群。对比国家统计局城乡居民五等份收入分组，2023年城镇居民基本越过中等收入门槛，而农村40%人口每天收入低于10美元。

若按实际汇率测算：2023年人民币兑美元为1∶7.05，当年收入在25 720元以下者为低收入人群。由此推算我国城镇有20%为低收入人群，有18 650万人口属于低收入者，农村人口中60%每天收入低于10美元，即农村有28 620万人口属于低收入者。全国低收入人口为47 270万人，城镇占33.5%，农村占60.5%。

二是按照2023年我国当年人均可支配收入中位数33 036元的50%划分中等收入人群，中位数的50%以下者，即人均年收入在16 518元以下为低收入人群，以国家统计局公布的五等份法测算，2023年我国农村大约有19 080万人属于低收入人群。结果与世界银行按购买力平价方法获得的结论相同。由此可见，我国农村低收入人口规模还比较庞大。

农村低收入人口数量庞大，一个主要原因是农村内部群体之间收入差距在扩大，而且差距大于城镇（见表1）。要缩小城乡居民收入差距，走共同富裕之路，构建橄榄型社会，最大的难题是如何将如此众多的低收入人口培育成中等收入群体。

表1 按五等份（20%）农村内部居民收入差距大于城镇

单位：元

项目	2011 年		2023 年		2023 年 /2011 年	
	农村	城镇	农村	城镇	农村	城镇
低收入户	2000.5	8788.9	5264.0	17 478	2.63	1.99
高收入户	16 783.1	47 021.0	50 136.0	110 639.0	2.99	2.35
高收入 / 低收入	8.39	5.35	9.52	6.33	1.13	0.98
绝对差额	14 782.6	38 232.1	44 872.0	93 161.0	30 089.4	54 928.9

资料来源：2012 年中国统计年鉴和 2024 年中国统计摘要。

第二，农业经营成本上升快，农产品价格上涨慢，农业效益迅速下滑；农村非农产业发展滞后，产业链脆弱，难以为农民创造充足的就业空间和增加收入的机会。2011年以来，农业生产成本上升幅度明显快于农产品特别是粮食价格上涨幅度，导致农业收益出现下降趋势（见表2）。另外，就业结构与产出结构失衡，农业就业比重偏高，也导致农业经营效益呈现下降趋势。从一般国际经验看，大多发达经济体农业就业比重在10%以下。而我国农业就业比重高达22.8%。在资源空间有限的情况下，我国农业部门劳动力从业数量众多导致农业效益不高。

表2　主要粮食产品出售价格、成本、收益增长比较

品种	项目	2011年/元	2023年/元	增幅/%
稻谷	每50千克主产品出售价格	134.53	143.73	6.84
	总生产成本（亩）	896.98	1358.07	51.41
	每亩净收益	371.27	44.19	-88.10
小麦	每50千克主产品出售价格	103.95	126.71	21.90
	总生产成本（亩）	712.28	1184.56	66.18
	每亩净收益	117.92	12.90	-89.10
玉米	每50千克主产品出售价格	106.07	129.92	22.49
	总生产成本（亩）	764.23	1312.06	71.68
	每亩净收益	263.09	154.38	-41.32
大豆	每50千克主产品出售价格	204.17	254.55	24.68
	总生产成本（亩）	488.77	944.28	93.20
	每亩净收益	121.95	-182.42	负值

资料来源：《全国农产品成本收益资料汇编》（2024）。

第三，城镇化放缓、制造业向海外转移以及资本技术对劳动力的替代，都给农民增加工资性收入带来阻力。进入21世纪以来，我国有相当一部分制造业向东南亚转移，还有一部分制造业在数字化和智能化改造过程中，发生资本技术替代劳动力，挤压了农民就业空间，使得农民增加工资性收入的机会减少。2014—2023年全国工业用工数量减少2243.1万人，下降22.5%（见图1）。在中

低端制造业岗位就业的绝大多数劳动者都是外出打工、跨省流动的农民工。2010—2023年，全国跨省流动的农民工由7717万人减少到6751万人。

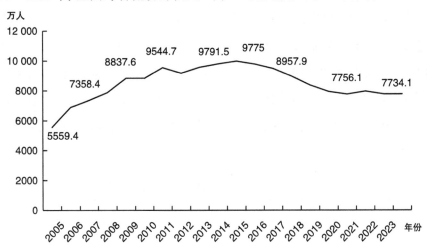

资料来源：2024年中国统计年鉴。

图1 中国工业用工数量变化曲线

根据世界银行数据（见表3），从过去60多年世界城市化的发展进程看，高收入类型国家的城镇化率最高，2023年城镇化率达到81%。中上等收入类型国家的城镇化率上升最快，年均提升0.66个百分点，其次是中低收入类型国家，城镇化率年均上升0.46个百分点。按照世界银行的发展阶段划分，2010年，我国已经迈入中上等收入国家行列，但此后我国城镇化率不但没有加快上升，反倒是逐渐放缓。2010—2015年，我国城镇化率平均每年上升1.48个百分点，2015—2020年每年上升1.31个百分点，2021—2023年年均提高0.76个百分点。城镇化进程过早过快放缓，不利于农业转移人口市民化，这给农业实现适度规模经营、提高农业劳动生产率、增加农民工资性收入带来直接影响。

表3 世界不同收入类型国家城市化率的变动

占比：%

年份	低收入国家	中低收入国家	中上等收入国家	高收入国家
1960	13.69	23.00	27.28	62.79
1970	17.89	27.00	30.98	67.79
1980	20.96	30.00	35.10	71.06
1990	24.70	35.00	41.99	73.76
2000	27.45	40.00	49.52	76.15
2010	30.34	46.00	58.86	79.43
2015	31.75	49.00	63.14	80.32
2020	33.45	51.00	67.57	81.76
2023	35.00	52.00	69.00	81.00

资料来源：世界银行。

第四，农村人口老龄化导致"挣钱"人减少、"花钱"人增加。2020年，农村老龄化程度达17.72%，明显高于全国平均水平（13.5%），全国农村65岁以上老年人口抚养比高达28.13%，而全国65岁及以上老年人口抚养比为20.8%。其中江苏、浙江、安徽、山东、河南农村老年人口抚养比分别达到39.85%、31.14%、33.48%、30.51%、30.38%。据有关预测，2035年我国农村60岁以上老年人口占比将达到37.7%。"挣钱"人口不断减少而"花钱"人口加快增长，意味着未来农民增收难度将会不断上升。

第五，制度供给不足，在社会保障制度、财产制度方面的二元体制安排不利于农民增收。户籍以及养老、看病、就业、子女就学、住房保障及财产交易和社会救助等制度安排的二元化，也是造成城乡居民收入差距大的重要因素。比如，2021年全国有1.62亿人领取城乡基本养老金，60岁及以上农村居民平均每人每月领取190.9元，最低标准仅为100多元。而城镇职工基本养老保险领取人数达1.32亿人，平均3577元。此外，城乡土地要素合理配置机制尚未建立，土地要素公平交换还存在诸多制度性障碍。金融体系的支持保障还存在短板弱项，致使农民融资难、融资贵，也不利于城乡产业融合与农民增收。

从宏观层面看，政府对社会保障的支出、对低收入人群以及困难群体的补助，都属于居民的转移性收入。近两年，由于房地产市场遇冷、制造业增长速度放缓等原因，地方政府财政困难加大，农民对来自地方政府的转移性收入增长的预期变弱。这显然也不利于缩小城乡收入差距。根据调查（见表4），目前政府各项转移支付占农民家庭总收入的比重在9%左右（其中2020年粮食主产区山东占8.77%，全国农村居民平均占9.13%）。

表 4　城乡居民财产净收入比较

项目	单位	2011 年	2017 年	2023 年
城镇居民人均可支配收入	元	21 809.8	36 396.2	51 821.0
其中：财产净收入	元	648.97	3 606.9	5 392.0
财产净收入占比	%	2.98	9.91	10.41
农村居民人均可支配收入	元	6 977.29	13 432.4	21 691.0
其中：财产净收入	元	228.57	303.0	540.0
财产净收入占比	%	3.28	2.26	2.49

资料来源：2012 年和 2024 年《中国统计摘要》。

三、增加农民收入的思路与对策

加快农民收入增长，既要有新的战略思维，也要有可行的政策举措。从世界发展经验看，增加农民收入，既要依靠农民自身力量，也要充分发挥政府作用。要协调好政府与市场、政府与农民的关系，充分发挥我国制度优势，构建加快农民增收的体制机制和政策体系。

（一）完善强农惠农政策体系，以降本提效、降险提价为重点，大幅增加农民经营性收入

未来一段时间里，加快农民收入增长速度，缩小城乡发展差距，首要的问题是必须处理好粮食安全与农民增收的关系。显然，适当提高粮食最低收购价格、降低粮食生产成本就成为政策的优先选择。一方面，要根据粮食完全生产成本上升幅度适当提高稻谷、小麦的最低收购价格水平，使得粮食价格上涨速

度与其生产成本上升基本保持同步。另一方面，应大幅增加种粮农民补贴，包括直接补贴和生产补贴。借鉴发达国家经验，建议今后十年政府对粮食生产者的补贴额提高到总成本的20%左右。更重要的是，大力支持农业科技进步，围绕推广良种、良法支持农民降低种粮成本，不断提高种粮效益。此外，还要加强农作物政策性保险对保障粮农收益的作用，积极推进三大粮食和大豆作物在区域和品种上实现政策性保险全覆盖。为此，要逐步提高对农作物政策性保险的保费补贴标准。

（二）补齐短板，夯实农民增收基础

当前和今后一个时期，在农业领域影响农民增收的重要因素还包括农业基础设施现代化程度、社会化服务供给能力以及农业经营组织发育水平等。因此，要加强农业农村基础设施建设，重新核定基本农田保护范围，进一步提升高标准农田建设水平，实施高标准农田"提质扩面"行动。加强现代农业公共服务体系建设，大力培育新型农业经营主体，支持发展家庭农场、农民合作社、龙头企业等。同时，还要加强农民技能培训，不断提高他们的农业经营水平和增收能力。为了夯实农民增收基础，建议发行乡村振兴专项国债，或加大现有国债中用于农业农村基础设施建设的比例。

（三）发展县域经济，增加农民就业增收机会

发展优质高效高附加值农业，是农民增收的重要渠道。第一，要调整农业结构，促进农产品生产优质化、绿色化、品牌化和高附加值化。开发农业多种功能，延长农业产业链，发展设施农业、休闲农业、观赏农业、创意农业、数字农业等，以实现农业增值提效。第二，大力发展县域特色产业，促进农业与农村第二、三产业深度融合、链群式发展。第三，积极发展农产品精深加工、文化、教育、旅游业、养老健康、生活服务等非农产业。为此，建议设立农村富民产业工程，相应建立富民产业发展基金，支持发展民营经济，选择一批能使农民增加就业、增加收益的产业项目，给予低息甚至免息贷款，从金融政策方面

给予重点扶持。

（四）推进以城市群、都市圈为主要形式的城镇化，给农民增加工资性收入创造空间

今后，要走以发展城市群、构建都市圈为主要形式的新型城镇化道路。重点是提高城市群和都市圈范围内县城人口综合承载力。坚决贯彻落实新型城镇化战略，进一步放开放宽农民进城落户条件，在户籍、保障房、就业、就学、就医、养老及困难救助等公共服务方面，开展区域间一体化互联互认、高效对接行动，给农村人口向外转移创造更好的制度条件。建立健全公共成本分担机制，大幅度降低农民进城落户成本。

（五）调整国民收入再分配政策，不断增强财政对农民转移性支付的力度

通过各种形式和方法不断增加对农民的转移性支付，是保障农民收入实现合理增长的重要方面。其一，不断增加对低收入农民群体的直接补贴，缩小城乡低收入人口的帮扶标准差距，农村低收入人口济困救助标准逐步向城镇看齐。其二，逐步提高农村医疗报销比例，扩大报销范围，提高农民看病的大病补贴上限。其三，努力提高农村60岁及以上老人基础养老金标准，建议目前农村60岁及以上老人每月基础养老金从每月最低领取100多元改为按2010年贫困标准乘物价指数，从"十五五"时期开始每人每月最低200元。其四，基于农民对新中国建立工业体系、促进工业化、推进城镇化的巨大牺牲和贡献，同时基于保证粮食安全角度考虑，建议在农村增设老年农民津贴基金，凡长期在农村从事农业经营年满60周岁及以上的农民，每人每月发放"老农津贴"200元。其五，建议全面实行农村12年义务教育，对低收入家庭子女专业教育或上大学实行高比例资金补助政策。今后十年政府对农民的各种转移补贴额占家庭收入比例应提升到15%左右。

（六）深化改革，持续提升农民财产性收入

2010年以来，由于城镇房地产市场化程度迅速提高，居民财产净收入人均从648.97元增加到5392元，增长了7.3倍，占总收入比重由2011年不足3%提升到2023年的10.41%。而农村居民财产净收入人均从228.57元增加到540元，增长了1.36倍，占总收入比重由2011年的3.28%降到2023年的2.49%。增加农村居民财产性收入，关键是要加快农民承包地经营权、集体经营性建设用地等市场化进程。第一，建立城乡一体的土地市场交易制度，赋予农村集体经营性建设用地与城镇国有建设用地同等的占有、使用、收益、处分权能，确保城乡土地同地、同权、同价、同责；第二，对于国家征地，要充分尊重市场原则，提高征地补偿标准，不断提升农民财产性收入水平；第三，继续搞好农村承包地的"三权"分置，在坚持集体所有权、稳定农民承包权基础上，有效放活土地经营权，鼓励和支持农地经营权有序流转，促进土地规模化集约化经营。

拓宽农民增收渠道

姜长云

（中国宏观经济研究院）

以习近平同志为核心的党中央高度重视农民增收问题，坚持把增加农民收入作为新时代新征程"三农"工作的中心任务，推动农民收入较快增长。但是，近年来，面对外部压力加大、内部困难增多的复杂严峻形势，我国农民收入的增长面临一系列新情况新问题新挑战，对增进民生福祉的制约正在迅速凸显。因此，2025年中央一号文件（以下简称"一号文件"）将"拓宽农民增收渠道"作为重要指导思想专门进行决策部署。将"千方百计推动农业增效益、农村增活力、农民增收入"作为重要政策目标，其中关于发展乡村特色产业、健全粮食生产支持政策体系、关于推动粮食等重要农产品价格保持在合理水平等决策部署，都与促进农民增收密切相关。要全部准确地理解一号文件关于拓宽农民增收渠道的决策部署，不断开创乡村全面振兴新局面，推动农民收入增长再创新辉煌，持续增强广大农民的获得感、幸福感、安全感，也为全方位扩大内需夯实基础。

一、党的十八大以来我国促进农民增收成效显著

（一）农村居民收入较快增长，增速明显快于城镇居民

2013—2024年，按可比价格计算，农村居民人均可支配收入年均实际增长7.3%，城镇居民人均可支配收入年均实际增长5.3%，农村居民人均可支配收入实际增速高于城镇居民2个百分点。尽管受到连续3年新冠疫情的影响，进入"十四五"以来，2021—2024年农村居民人均可支配收入年均实际增长6.9%，

仍然高于城镇居民2.4个百分点（见图1）。^①

（二）不同收入组农户收入均保持增长态势，城乡收入相对差距持续缩小

将农村居民人均可支配收入按五等份分组，从1998年到2023年低收入户、中间偏下户、中间收入户、中间偏上户、高收入户农村居民人均可支配收入分别年均递增7.5%、8.6%、8.1%、7.6%和8%。城乡收入相对差距一直呈现缩小趋势。如2012年，城镇居民人均可支配收入相当于农村居民人均可支配收入的2.88倍，2018年、2024年分别缩小到2.69倍和2.34倍（见图2）。

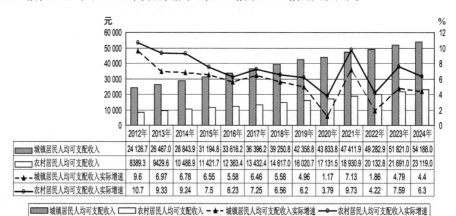

	2012年	2013年	2014年	2015年	2016年	2017年	2018年	2019年	2020年	2021年	2022年	2023年	2024年
城镇居民人均可支配收入	24 126.7	26 467.0	28 843.9	31 194.8	33 616.2	36 396.2	39 250.8	42 358.8	43 833.8	47 411.9	49 282.9	51 821.0	54 188.0
农村居民人均可支配收入	8389.3	9429.6	10 488.9	11 421.7	12 363.4	13 432.4	14 617.0	16 020.7	17 131.5	18 930.9	20 132.8	21 691.0	23 119.0
城镇居民人均可支配收入实际增速	9.6	6.97	6.78	6.55	5.58	6.46	5.58	4.96	1.17	7.13	1.86	4.79	4.4
农村居民人均可支配收入实际增速	10.7	9.33	9.24	7.5	6.23	7.25	6.56	6.2	3.79	9.73	4.22	7.59	6.3

城镇居民人均可支配收入　农村居民人均可支配收入　城镇居民人均可支配收入实际增速　农村居民人均可支配收入实际增速

图1　近年来城乡居民人均可支配收入及其实际增速的变化

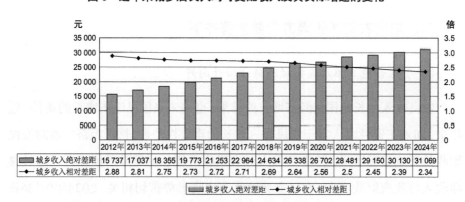

	2012年	2013年	2014年	2015年	2016年	2017年	2018年	2019年	2020年	2021年	2022年	2023年	2024年
城乡收入绝对差距	15 737	17 037	18 355	19 773	21 253	22 964	24 634	26 338	26 702	28 481	29 150	30 130	31 069
城乡收入相对差距	2.88	2.81	2.75	2.73	2.72	2.71	2.69	2.64	2.56	2.5	2.45	2.39	2.34

城乡收入绝对差距　城乡收入相对差距

图2　近年来城乡收入差距的变化

---

① 本文数据，凡未注明出处者，均据《中国统计年鉴》整理。

（三）脱贫县农户人均收入增长明显快于全国农村居民，脱贫攻坚成果进一步巩固

随着"十三五"规划的完成，我国打赢脱贫攻坚战，巩固拓展脱贫攻坚成果同推进乡村全面振兴有机衔接，成为当前的重要任务。进入"十四五"以来，脱贫县农村居民人均可支配收入保持较快增长态势，增速明显快于全国农村居民。如2021年和2024年，脱贫县农村居民人均可支配收入的实际增速分别高于全国农村居民1.1个和0.2个百分点（见表1）。

表1 近年来脱贫县域农村居民人均可支配收入及其实际增速比较

年份	人均可支配收入/元		人均可支配收入实际增速/%	
	农村居民	脱贫县	农村居民	脱贫县农村居民
2021	18 931	14 051	9.7	10.8
2022	20 133	15 111	4.2	5.4
2023	21 691	16 396	7.6	8.4
2024	23 119	17 522	6.3	6.5

注：脱贫县包括原832个国家扶贫开发工作重点县和集中连片特困地区县，以及新疆阿克苏地区7个市县。因各年统计年鉴中是未扣除价格因素的增速，本表中脱贫县实际增速根据各年《中华人民共和国国民经济和社会发展统计公报》数据整理。

二、拓宽农民增收渠道需要多管齐下

（一）综合施策推动国民经济持续回升向好

农民收入增长是国民经济增长的结果，也是未来国民经济增长的条件。近年来，随着工资性收入对于农民收入增长的重要性凸显，国民经济发展对农民增收的影响显著增强。转移净收入对农民收入增长的贡献已经接近1/4，转移净收入与政府财政实力、农民在城镇就业增收形势密切相关。2024年9月26日中央政治局会议部署一揽子增量政策后，2024年12月召开的中央经济工作会议进一步明确实施更加积极的财政政策和稳健的货币政策，并打好政策"组合拳"，增强财政、货币、就业、产业、区域、贸易、环保、监管等政策和改革开

放举措的政策合力，推动经济持续回升向好。借助这些政策举措，可以为推动农民收入持续较快增长奠定坚实基础。要积极利用这些政策机遇，争取对农业农村发展和农业转移人口市民化的政策支持，积极拓宽中低收入群体增收减负渠道，进而更好地促进农民增收。鉴于中央经济工作会议明确加力扩围实施"两新"政策、更大力度支持"两重"项目，近期已有部分省份积极利用这种政策机遇，推动农事综合服务中心、乡村优势特色产业园、农村区域性医疗服务中心等建设。这不仅有利于农业和乡村特色产业提质增效升级、有利于加强农村民生服务，也可以拓宽农民增收渠道。

（二）推动乡村产业提质增效和特色化、差异化、绿色化转型

乡村产业是农民收入增长和就地就近创新创业的重要途径，对提升农民经营净收入和部分工资性收入，具有特别重要的意义。但是，近年来乡村产业同质竞争问题迅速凸显，影响农民增收的可持续性。因此，要把促进乡村产业提质增效、特色化、差异化、绿色化转型作为拓宽农民增收渠道的重要举措。要顺应消费结构升级和消费需求个性化、多样化、绿色化、品牌化趋势，加强前瞻性研究。要摒弃片面追求规模扩张的传统发展模式，避免"内卷式"竞争带来的负面影响。要结合培育区域优势特色产业，打造产业集群，鼓励打造相关产品品牌、企业品牌、区域品牌或行业品牌，提高品牌影响力和品牌溢价，进而带动农民增收。鼓励农业龙头企业、农民合作社、家庭农场、农产品行业协会以及产业联盟在推进乡村产业标准化、品牌化建设中发挥作用。要创新政策，激发地方政府支持、市场主体推动农村一二三产业融合发展、乡村产业与区域特色义化融合发展，增强竞争力。鼓励数字技术赋能特色产业，鼓励产业链不同环节合作培育战略伙伴关系，协同推进产业链品牌精品培育，增强市场竞争力。要以县域产业园、重点镇、产业强镇、中心村为重点，以县域为依托，鼓励实施县域服务业集聚集群集约发展工程，增强对农民就业增收的带动力。

（三）在坚守底线前提下适度降低涉农项目和乡村产业准入门槛

无论是从基础设施、公共服务的支撑能力，还是从经营主体和劳动力素质来看，涉农项目和乡村产业在农村的发展条件都要差于城镇。因此，在坚守环保、安全等底线约束的前提下，适当降低涉农项目和乡村产业的准入门槛，甚至执行有别于城镇并更能体现农业农村特点的监管标准，有利于规避农业农村资源要素过度流向城镇的问题。近年来，有关部门规范项目建设程序是必要的，但是是否不论规模大小的乡村建设项目，都要像城市基建工程那样，执行大致相同的招标或建设、验收程序，则是值得商榷的。有些小型乡村建设项目，可鼓励地方创新方式，采用灵活且切实有效的招标、建设、验收程序，充分体现农业或乡村特点。这样不仅可以避免大量投入耗费在繁琐严苛的招标程序之中，还可以节约建设时间，避免项目仓促上马影响质量。许多庭院经济、林下经济、民宿经济、柳编草编竹编等乡村工艺品制作、乡村土特产加工等项目，谈不上高大上，但贴近农村特点和农民能力，农民可望可及，要鼓励农民因地制宜地参与发展甚至在其中创新创业，带动乡村就业增收空间的开拓。

（四）实施低收入家庭和农民工就业纾困计划拓展就业困难群体增收空间

当前，部分地区经济增长放缓，甚至区域主导产业出现群体性衰退，给农业农村就业特别是农业转移人口就业，带来了暂时性、阶段性挑战。实施低收入家庭及农民工就业纾困计划，帮助严重困难的群体适当缓解发展困境，是社会稳定的需要，具有一定的公益性。只要把握好政策尺度，该计划可以与发展高水平社会主义市场经济体制的要求并行不悖。按照五等份分组，2023年农村居民中中间收入组农民人均可支配收入18 479元，仅比城镇居民中的低收入户人均可支配收入（17 478元）高5.7%；农村居民中的低收入户、中间偏下户农民人均可支配收入分别为5264元和12 864元，分别较城镇居民中的低收入户低69.8%和26.4%。实施低收入家庭纾困计划，通过收入补贴、创业援助等方式，加强对低收入家庭就业增收的支持，该计划主要惠及农村低收入人口。要创新稳岗就业支持政策并加大力度，强化公共就业服务，并加强对市场化就业服务组织的支持政策。通过有限期的稳岗就业补贴，优先支持因区域经济形势急剧恶化导致的零就业家庭摆脱困境。鼓励发挥特色劳务品牌对就业增收的影响力、带动力。拓宽家庭服务兴农渠道，鼓励通过劳务协作、政企合作等方式，开拓家政、养老托幼助残、社区服务等就业空间。近年来，许多地方大龄农民工就业面临的困难加大。在维护安全底线的前提下，要鼓励适度放松对大龄农民工的就业限制，加强对大龄农民工的就业支持。推动农民工工资支付制度落实落地，依法保障农民工合法权益，依法及时解决各类拖欠农民工工资问题。

（五）拓宽完善联农带农利益联结机制的视野

近年来，完善联农带农的利益联结机制日益引起各级政府的重视。为此，引导新型农业经营主体和乡村产业增强对农民就业增收的带动力是重要的，但是，鼓励新型农业经营主体和乡村企业加强农业劳动力培训，搭建让农民"在干中学"的平台，帮助农民增强参与发展能力更为关键。要结合实施数字农业、数字乡村强农惠农富农专项行动，推动农民更好地运用数字技术。近年来，许多地方农业生产托管等农业社会化服务迅速发展，通过"农事服务中心+服务主体+农户""服务主体+合作社+农户"等方式，畅通数字技术赋能农民增收的路径。农村电商发展，通过畅通农产品流通渠道、搭建农产品现代流通网络，拓宽升级农产品、乡村特色产品品牌化发展路径，也为促进农民增收作出了重要贡献。要加强对相关经验的研究和集成推广。

此外，统筹粮食和重要农产品生产、加工、流通和国际贸易，推动粮食和重要农产品价格保持在合理水平，以及持续巩固拓展脱贫攻坚成果，统筹建立农村防止返贫致贫机制和低收入人口、欠发达地区分层分类帮扶制度，对于稳定和增加农民收入也有重要意义。

农业企业如何平抑产出波动风险

—— 基于数字化销售模式转型视角

刘 宇[1] 梁 栋[2] 张 硕[2]

（1. 北京大学城市与环境学院；2. 中国农业大学经济管理学院）

摘 要： 农业企业的经营水平代表着我国农业产业的现实状况和发展前景，为推动农业产业的高质量发展，必须对农业企业数字化转型的刻画及其影响效应展开深入研究。本文综合阿里巴巴中国站的付费会员数据和工业企业数据，尝试提出农业企业数字化销售模式转型的刻画方法，借助动态双重差分法（DID）和倾向得分匹配法（PSM）对数字化销售模式转型缓解农业企业产出波动的效果和机制进行了检验。研究发现：（1）农业企业数字化销售模式转型可以有效平抑农业企业的产出波动，该结果在多方检验下均稳健；（2）理论和经验研究表明农业企业数字化销售模式转型通过提高供应链效率和扩大销售市场两条渠道平抑企业产出波动。本文研究对于保障农业企业稳定向好发展，促进电商与农业产业融合，推进我国乡村振兴战略具有重要意义。

关键词： 农业企业；数字化销售；产出波动；PSM-DID；供应链效率

一、引言

农业企业是现代农业发展的中坚力量，也是农业发展领域的先进生产力代表，其既是市场与分散的农户之间的桥梁，也是带动农民增产创收、促进农业产业结构调整和推动农业产业化进程的基石。同时，农业企业的经营水平与我国农业产业的现实状况和发展前景息息相关，且对国家粮食安全问题也有重要的影响。然而，长期以来，我国农业企业与预期应有的市场地位并不相符。农业企业作为内嵌于农业中的组织形式，农业生产本身的弱质性特征会对农业企业的经营活动产生影响。与其他非农业企业相比，农业生产周期长、自然风险大，规模较小、实力较弱，抵押难、融资贵、负担重等问题困扰着部分企业。这也导致农业企业在经营过程中面临的风险有许多，如政治风险、技术风险、市场风险、自然灾害风险、疫病和食品安全等突发和难以预测的外部冲击影响。此外，农产品价格波动存在极大的不确定性，价格波动的驱动因素十分活跃，这也使农业企业面临销售波动的风险。完善和改进农产品销售渠道对于降低农产品市场销售风险，提升农业企业经营绩效，进而促进农业持续高质量发展具有重要的意义。

当前，数字化转型浪潮风起云涌，全球经济和人民生活正经历由数字技术引领的全方位的深刻变革。2023年，我国数字经济规模超过55万亿元，数字经济核心产业增加值占国内生产总值的比重达10%左右，成为我国稳定经济增长的关键动力。数字化发展也成为实施乡村振兴战略的重要驱动力，然而农业农村仍然是信息化的短板和洼地。《中国数字经济发展白皮书（2023）》数据显示，服务业、工业、农业数字经济占行业增加值比重分别为44.7%、24.0%和10.5%，由此可见，我国农业数字经济占农业增加值比重显著低于行业平均水平，这也反映了农业数字化存在较大的潜力和发展空间。有学者关注到了数字化发展对农业产业风险应对的作用，认为农产品电子商务有助于解决供应链上的融资问题、完成产业链的纵向整合以及解决信息不对称问题，也有学者发现基于数字普惠金融建立的信用体系与风险管理可以有效减少市场摩擦。数字经济的快速发展为农业企业带来了前所未有的发展机遇，正潜移默化地改造着农业产业链的整个流程，优化产业链的同时也促进了经济效益的提升。当前，数字经济技术已经实现了从技术研发，农资生产，农产品生产、加工、流通、销售等全产业链环节的拓展。如将云计算、区块链等信息技术运用到生物技术中，构建农业生产资料数据库，并实现数字化自动管理创新；运用互联网、地理信息系统及全球定位系统等技术，实现线上线下流通市场的创新和物流的精准定位。2020年，随着我国脱贫攻坚圆满收官，电商扶贫在其中的成效显著。

现阶段，"中美贸易摩擦""俄乌冲突"等事件冲击的不确定性影响，都让我们更加意识到关注风险往往比关注效益更加重要。本文聚焦于农业企业，将借助电商平台完成自我升级改造的农业企业界定为数字化销售模式转型企业，基于电商平台数据和农业企业生产经营数据，考察数字化销售模式转型是否可以平抑农业企业产出波动风险。此外，本文进一步探究数字化销售模式转型平抑农业企业产出波动的内在机制。本文尝试在以下三个方面弥补现有研究不足：第一，研究视角上，当前较少研究聚焦到数字化发展与农业企业销售波动风险问题，特别是关于数字化销售模式转型是否可以平抑农业企业产出波动还鲜有研究。在数字经济提速发展背景下，本文研究对于保障农业企业稳定向好发展具有重要意义。第二，理论和机制研究上，关于数字化销售模式转型会如何影响农业企业产出波动目前尚缺乏系统和全面的研究，本文企图从农业企业供应链效率提升和销售市场扩大两方面对这一理论进行探究。第三，研究方法和数据上，本文基于阿里巴巴中国站付费会员数据来刻画企业是否为数字化销售模式转型企业，提升了在企业数字化销售模式转型刻画上的精准性；同时，本文使用了倾向得分匹配法、双重差分法等科学方法展开经验检验，提升了研究的科学性。

二、理论分析与研究假设

传统销售模式下，农业企业经营当中还存在较多问题增加了企业的经营风险，主要表现在：

一是传统销售模式下农业企业供需信息匹配难度高。信息在商品价格的形成中起着重要的作用，交易各方所拥有的信息一旦发生改变，其决策行为也相应发生变化，如果存在信息不对称情况，则会产生较大的交易风险。在我国，小农经济供给体系，决定了农业供给信息的碎片化。碎片化的供求信息经过多层次分销系统的衰减，不仅带来易腐农产品巨大浪费，更是通过价格波动直接影响决定着农业企业的生产活动和下游农产品加工企业的原料供应。此外，终端消费者需求的小幅波动，在向供应商传导的过程中被逐级放大，最终供应商面对的是大幅波动的库存水平，这也就是供应链中的"牛鞭效应"。由此，传统农业企业销售面临供需两端的信息高度碎片化，极大地增加了信息匹配的难度。

二是传统销售模式下营销成本大且效果不佳。农业企业面临的营销成本主要包括广告成本、市场调研成本及渠道和分销成本等，目的是将供给信息发送给消费者等。但是当前，农业企业市场营销中还存在一些问题，如对市场经济规律认识不足、缺乏对消费者行为变化的研究、高层营销管理缺位、缺乏中长期营销战略的市场定位等，导致传统销售方式往往高成本投入，但实施效果不佳。营销费用的无效率会给企业带来经营风险。此外，在农产品流通过程中，获取市场信息的成本较高，企业由于缺乏及时、可靠的市场信息来源，进而约束了农产品销售行为，农业企业必然面临巨大的经营风险。

互联网发展对于农业企业的销售模式产生了显著的影响，以电子商务平台为主要形式的新型流通模式快速崛起，在流通主体、组织方式、上下游影响等方面都呈现了积极的创新和变化。以加入电子商务平台为表现的农业企业数字化销售模式转型可以克服上述风险，平抑农业企业的销售波动，保持企业稳定向好的发展趋势。具体表现在：

第一，数字化销售模式可以提高供应链效率，进而稳定产出波动。首先，电商开辟了解决各地农产品销售难题的新路径，它能够整合农业生产、流通、市场和交易，促进农产品供需信息顺利流动。进而在产销之间架起对称、开放、透明的交换渠道，克服供应链失真的长鞭效应，使得交易市场信息的透明度增加，供需匹配有效性增加，促使生产各环节做出及时响应，企业可以根据这些反馈调整生产和供应链策略，提高了供应链的稳定性。其次，农业企业数字化销售模式转型使企业可以依据历史和实时消费需求来有效调整和控制库存水平，降低易腐农产品量的浪费，提高了供应链效率，节约了经济成本，防范了产出波动风险。

第二，数字化销售模式转型可以扩大销售市场，进而稳定产出波动。首先，农业企业通过电商平台打破了地理限制，可以接触到全国甚至全世界的消费者，扩大了潜在的销售对象，同时可以通过多个在线渠道销售产品，降低对于单一市场和销售对象的依赖，避免单一市场波动带来的风险；其次，农业企业数字化销售模式转型可以实现企业和消费者的直接对接，企业可以基于大数据捕捉消费者的多元化需求，消费者可以通过电商平台获取农产品的产地、质量等商品信息，传统模式中被经销商、分销商层层把控的商品信息由此能够实现直接对接，进而提升目标消费群体的消费黏性和消费稳定性，降低市场波动对于销售的影响；最后，数字化销售模式转型减少了农产品供需双方的搜寻成本和搜寻时间，缩减中间交易环节，降低了交易成本，扩大了销售市场，稳定了市场需求。

基于以上分析，本文得到以下假设：

假设1：农业企业数字化销售模式转型可以平抑企业产出波动。

假设2：数字化销售模式转型可以提升农业企业供应链效率，进而降低产出波动风险。

假设3：数字化销售模式转型可以扩大农业企业销售市场，进而降低产出波动风险。

三、模型构建与数据说明

1. 模型构建

本文以应用电商平台的农业企业来刻画农业企业数字化销售模式转型，引入双重差分估计方法（Difference-in-Difference，DID）评估数字化销售模式转型对企业产出波动的影响。本文研究基本思路是：探究数字化销售模式转型农业企业，相比传统农业企业，在转型（应用电子商务平台）前后企业产出波动是否有明显下降。具体而言：本文将在样本期内实现数字化销售模式转型的农业企业作为处理组，将未实现数字化转型的农业企业作为控制组，将实现数字化转型的时间设定为农业企业转型年份。本文基于双重差分法的估计模型如下：

$$Vol_{ith}^{SK}=\beta_0+\beta_1 Dig_i^{SK}\times T_t^{SK}+\beta Controls+\varphi_{SK\times i}+\gamma_{SK\times h}+\nu_{SK\times t}+\varepsilon_{ith}^{SK} \qquad (1)$$

上式中，Vol_{ith}^{SK}表示h行业的企业i第t年的产出波动程度。SK表示转型年，同时也表示转型年组，不同数字化销售转型农业企业的转型年不同。本文的转型年选取了2002—2012年，并选取了转型年前后各5年作为数字化转型影响的时期。结合转型年的选取以及前后5期的范围，以及基于中国工业企业数据库数据实际情况，本文的数据整体覆盖年份为1998—2014年，共11个转型年组（2002—2012年）。核心解释变量为交互项$Dig_i^{SK}\times T_t^{SK}$，其中，$Dig_i^{SK}$为刻画是否为数字化转型农业企业的指标，其为虚拟变量，不随时间变化，仅随企业变化，若是数字化销售模式转型农业企业则取值为"1"，否则取值为"0"。T_t^{SK}为刻画冲击时间前后的变量，设定为：在每一个转型年组中，当为转型年及其以后的年份时取值为"1"，否则取值为"0"。式（1）中，$Controls$为控制变量组，选取了包括企业生产率[①]（TFP）、企业年龄（Age）、资产规模（$size$）、资产负债率（LEV）的企业层面控制变量。固定效应上，选取了"转型年×企业""转型年×时间"和"转型年×行业"固定效应。式（1）中，β_1是本文主要关心的核心参数，当$\beta_1<0$，说明农业企业数字化销售模式转型可以平抑企业产出波动。

2. 指标构建与数据选取

关于农业企业产出波动的测度。本文使用滚动标准差法计算得到了企业产出的短期波动趋势。参考Buch等（2009）的研究，本文使用了基于企业销售产值增长率5年窗口期内的滚动标准差作为产出波动的代理变量[②]，在后文稳健性检验中我们也使用了6年窗口期的滚动标准差以及基于企业工业总产值增长率测算的5年窗口期内的滚动标准差来验证基准结果的稳健性。

———————————————

① 本文使用企业销售产值与企业从业人员数量之比的对数来表示。

② 考虑到研究企业波动本质上是考察企业在中长期的波动和变化，因此本文剔除了仅在短期存在的企业样本，考察持续存在时间不短于6期的企业。

关于本文研究中农业企业的识别。本文参考谢玲红和毛世平（2016）的研究及现代农业体系的含义[①]，考虑到涉农企业是现代农业企业的重要组成部分，并结合本文数字化销售转型研究主题，最终确定以农副食品加工业、食品制造业、饮料制造业、烟草制造业、纺织业以及木材加工及木、竹、藤、棕、草制造业6个涉农行业企业为本文的农业企业研究对象。

关于数据来源，本文研究数据主要来自《中国工业企业数据库》和《阿里巴巴中国站的付费会员数据库》，时间跨度为1998年至2014年。本文将以上两个数据基于企业名称关键词进行匹配，得到进行了数字化销售模式转型的农业企业以及转型年份信息。关于数据处理具体如下：删除部分关键指标缺漏或明显错误的企业样本；删除员工数小于8人、企业成立年份无效、企业年龄异常以及总资产等关键变量存在缺漏值或异常的样本。为避免数字化销售模式转型农业企业和非数字化销售模式转型农业企业数量之间存在较大的悬殊导致估计结果偏误，本文后续还使用了倾向得分匹配法（Propensity Score Matching，PSM）进行样本筛选。此外，本文对核心变量进行上下1%的缩尾处理来消除异常值的影响。

3. 基于PSM方法的控制组企业选取

本文采取PSM方法，在控制组中寻找可能选择加入电商平台实现数字化销售模式转型但又未转型的农业企业与处理组进行对照，目的在于：一方面，可以缩小处理组和控制组农业企业之间的特征差异；另一方面，可以解决企业选择数字化销售模式转型中存在的"自选择问题"。本文使用PSM方法，因此需要考虑影响农业企业进行数字化销售模式转型的因素作为协变量，本文协变量的选取如下：企业生产率（TFP），企业年龄，资产规模，出口交货值，总负债。本文采用1∶15近邻匹配的方式在每个转型年组中为数字化转型企业选取控制组企业，在稳健性检验中还缩小和扩大了匹配比率进行检验。

[①] 现代农业体系通常包括四种类型：一是为农产品生产提供生产资料和服务的农资企业，二是农产品生产企业，三是农产品加工企业，四是农产品流通企业。

四、实证结果与分析

1. 基准回归结果

对前文的方程（1）进行估计，表1汇报了相关结果，这是对假设1进行检验。列（1）、（2）结果中，可看到模型中无论是否加入控制变量，核心解释变量系数均显著为负，这表明与未进行数字化销售模式转型的农业企业相比，数字化销售模式转型企业在转型后产出波动显著降低，即数字化销售模式转型可以平抑企业产出波动。列（3）在列（2）的基础上，加入了异方差稳健标准误，列（4）在列（3）的基础上加入了行业层面的固定效应。列（3）和列（4）回归系数显著为负，即农业企业数字化销售模式转型显著降低了产出波动。以上结果均验证了假设1。后文均使用了PSM以后的样本进行估计。

表 1　基准回归结果

变量	被解释变量：产出波动			
	(1)	(2)	(3)	(4)
$Dig \times T$	-0.0168***	-0.0178***	-0.0178***	-0.0160**
	(0.0059)	(0.0059)	(0.0062)	(0.0064)
TFP		-0.0107***	-0.0107***	-0.0105***
		(0.0013)	(0.0017)	(0.0018)
Age		-0.0197***	-0.0197***	-0.0211***
		(0.0024)	(0.0027)	(0.0027)
LEV		-0.0000	-0.0000	-0.0006
		(0.0045)	(0.0051)	(0.0052)
$size$		-0.0008	-0.0008	0.0005
		(0.0016)	(0.0020)	(0.0021)
Constant	0.3754***	0.4853***	0.4853***	0.4746***
	(0.0007)	(0.0170)	(0.0219)	(0.0221)
转型年 × 企业固定效应	是	是	是	是

续表

变量	被解释变量：产出波动			
	(1)	(2)	(3)	(4)
转型年 × 年份固定效应	是	是	是	是
转型年 × 行业固定效应	否	否	否	是
观测值	79 286	79 286	79 286	79 213
R^2	0.7122	0.7128	0.7128	0.7249

注：*、** 及 *** 分别表示估计系数值在10%、5%及1%的水平上显著。列（1）和列（2）括号内的值为标准误，列（3）和列（4）括号内的值为稳健标准误。

2. DID设定的有效性检验

（1）平行趋势检验

本文通过平行趋势检验探究处理组企业和控制组企业在转型年之前的产出波动是否存在显著差异。本文将基准DID模型［式（1）］中表示时间的虚拟变量T替换为各年为1，其他年份均为0的虚拟变量。此外，本文将农业企业数字化转型前一年作为基期删除，考虑到部分转型年内企业不存在转型年后第五年的数据，因此将农业企业数字化转型后第五年缩尾至转型年后第四年。基于此，得到扩展后的DID模型，检验转型年之前年度处理效应，进一步绘制平行趋势图，见图1。图1中，横轴表示距离数字化转型年的时间间隔，负数为转型年之前，正数为转型年之后。从图中可以看出，农业企业数字化销售模式转型发生前，处理组企业产出波动相比控制组企业的产出波动并未呈现出显著降低，表明数字化转型发生之前满足平行趋势假设。同时，从转型年后动态经济效应线的上90%置信区间离开水平线并向右下方倾斜，进一步说明农业企业数字化转型对于企业产出波动的稳定作用显著。

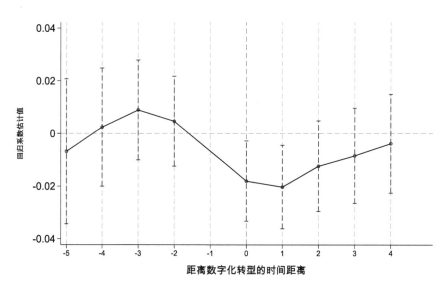

图 1　平行趋势检验

（2）安慰剂检验

为了证明以上实证回归模型设计的科学性和结果的可靠性，本文进行了安慰剂检验。我们使用随机抽取处理组和控制组样本，随机设定数字化转型年份的方法进行安慰剂检验。具体做法上，以2002年转型年组（SK=2002）为例：关于处理组与控制组的选取，随机选取与实际处理组企业相同数量的企业作为"伪"处理组，其他企业作为"伪"控制组；关于转型时间选取，随机选择除2002年以外的任何时间作为转型年。按照以上做法对2002—2012年的转型年组分别进行处理，最终形成一次估计的总样本。将该总样本按照方程（1）估计，记录交互项$Dig_i^{SK} \times T_t^{SK}$的系数为$\hat{\beta}^1$。这里重复上文的随机选取过程进行500次的回归，记录到第500次的回归系数。图2汇报了500次系数的核密度分布。图2中，一是从系数分布上看，随机设定的估计系数平均值非常接近于0，即不能拒绝安慰剂检验中核心变量系数为0的原假设；二是基准回归核心解释变量系数为–0.0160［表1第（4）列］，在图中用竖直实线表示，图中的竖直虚线表示随机估计系数的5分位数，表明基准回归系数显著不同于图2中绝大部分的安慰剂检验的500次系数，属于显著的异常值。即基准结果不受到其他未观测到因素的影响，本文安慰剂检验验证了基准结果的稳健性。

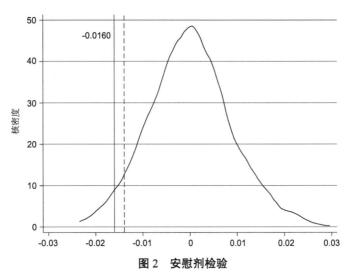

图 2　安慰剂检验

3. 稳健性检验

（1）重新选取产出波动指标。本文基准回归中被解释变量为基于企业工业销售产值测算的5年期滚动标准差，此处分别以基于企业工业销售产值测算的6年期滚动标准差和基于工业总产值计算的5年期滚动标准差得到的企业产出波动作为被解释变量。基于方程（1）的估计结果在表2第（1）、（2）列中呈现。第（1）、（2）列交互项系数显著为负表明数字化转型对企业产出波动具有平抑作用。

（2）调整处理组与对照组匹配率。基准回归中汇报了基于PSM方法使用的处理组与控制组企业的匹配比率是1∶15。考虑到提高处理组企业与控制组企业相似性方面，这里首先缩小了处理组和控制组的匹配率，使用了1∶10的匹配比率进行方程（1）的估计，在表2第（3）列中呈现。为避免删除过多控制组样本导致结果不准确，本文也选择了扩大处理组和控制组的匹配率，使用了1∶20的匹配比率，该结果在表2第（4）列中呈现。表2第（3）、（4）列的结果中交互项系数显著为负，证明了前文基准结果的稳健性。

（3）排除企业进入退出的动态影响。此处我们仅仅保留连续经营十年的企业，降低企业进入退出对于研究结果的干扰，基于此的基准回归结果在表2第（5）列中呈现，系数显著为负，验证了基准结果的稳健性。

（4）排除不对称的样本区间。为了排除转型年前后观察期长度相差较大而导致的结果不准确，所以本文剔除了2002、2010、2011和2012转型年组的数据样本。基于方程（1）的估计结果在表2第（6）列中呈现。交互项系数显著为负，证明了前文结果的稳健性。

表 2　稳健性检验

变量	(1)	(2)	(3)	(4)	(5)	(6)
	Vol6	Vol5	PSM1：10	PSM1：20	Longtime	*SK*2003—2009
$Dig \times T$	-0.0147***	-0.0149**	-0.0110*	-0.0157**	-0.0442***	-0.0191***
	(0.0057)	(0.0063)	(0.0066)	(0.0063)	(0.0111)	(0.0071)
TFP	-0.0106***	-0.0085***	-0.0086***	-0.0097***	-0.0135***	-0.0126***
	(0.0016)	(0.0017)	(0.0021)	(0.0015)	(0.0037)	(0.0020)
Age	-0.0150***	-0.0195***	-0.0202***	-0.0196***	-0.0203***	-0.0200***
	(0.0025)	(0.0027)	(0.0033)	(0.0024)	(0.0062)	(0.0029)
LEV	-0.0012	-0.0001	-0.0091	-0.0011	-0.0316***	-0.0061
	(0.0047)	(0.0051)	(0.0062)	(0.0045)	(0.0113)	(0.0057)
size	0.0014	-0.0003	0.0015	-0.0008	0.0045	-0.0022
	(0.0019)	(0.0020)	(0.0025)	(0.0018)	(0.0045)	(0.0023)
Constant	0.4603***	0.4637***	0.4605***	0.4798***	0.4265***	0.5149***
	(0.0203)	(0.0220)	(0.0268)	(0.0191)	(0.0499)	(0.0244)
固定效应	是	是	是	是	是	是
观测值	79 213	79 213	55 265	103 277	17 620	61 365
R^2	0.7712	0.7213	0.7304	0.7232	0.6037	0.7315

注：*、** 及 *** 分别表示估计系数值在 10%、5% 及 1% 的水平上显著，括号内的值为稳健标准误。

五、影响机制检验

接下来，我们从数字化销售模式转型提升农业企业供应链效率和扩大销售市场这两方面检验数字化销售模式转型平抑企业产出波动的作用机制。同时也是对前文假设2和假设3的证明。参考江艇（2022）的研究，我们构建如下方程进行机制检验：

$$Mech_{ith}^{SK}=\beta_0+\beta_1 Dig_i^{SK}\times T_t^{SK}+\beta Controls+\varphi_{SK\times i}+\gamma_{SK\times h}+\nu_{SK\times t}+\varepsilon_{ith}^{SK} \tag{2}$$

式（2）中，$Mech_{it}^{rh}$为待检验的影响机制变量，其他变量设定均与式（1）一致。

1. 提升农业企业供应链效率的机制检验

存货与供应链效率之间存在密切的关系。存货管理是供应链管理中的关键环节，它包括对企业库存的计划、协调和控制，意图是优化库存水平、降低成本和风险。由于企业面临库存持有成本，因此库存的降低是供应链效率提高的重要标志。基于此，本文使用企业存货与企业固定资产之比作为企业的供应链效率（SF）指标，若该值越大，则意味着可能存在存货积压，企业供应链效率越低；相反，该值越小则供应链效率越高。具体回归结果在表3中列（1）显示。列（1）结果表明企业数字化销售转型显著降低了SF，即提升了农业企业的供应链效率。基于以上机制检验结果分析，验证了前文提出的假设2。

2. 扩大农业企业销售市场的机制检验

企业销售成本对于企业销售市场规模的扩大具有重要的影响，销售成本越大则企业扩大销售市场的难度越高。基于此，本文使用销售成本与企业工业总产值之比作为企业销售市场规模（MS）的代理变量，该值越低则意味着企业销售市场规模扩大的可能性越高。具体回归结果在表3中第（2）列显示。第（2）列显示农业企业数字化销售模式转型显著降低了MS，即扩大了企业销售市场规模。基于以上机制检验结果分析，验证了前文提出的假设3。

表3　机制检验

变量	(1)	(2)
	SF	MS
$Dig\times T$	-0.0852*	-0.0139*
	(0.0462)	(0.0071)
TFP	-0.0775***	-0.0377***
	(0.0129)	(0.0021)

续表

变量	(1)	(2)
	SF	MS
Age	-0.0711***	-0.0010
	(0.0236)	(0.0031)
LEV	0.9121***	0.0373***
	(0.0483)	(0.0060)
size	0.0146	0.0275***
	(0.0177)	(0.0023)
常数项	1.0812***	0.8404***
	(0.1848)	(0.0245)
固定效应	是	是
	78 460	79 204
R^2	0.6383	0.5499

注：*、** 及 *** 分别表示估计系数值在 10%、5% 及 1% 的水平上显著，括号内的值为稳健标准误。

六、研究结论与政策建议

农业企业是我国农业农村现代化建设和乡村振兴的主要力量。本文研究旨在探讨数字销售模式转型对于农业企业产出波动平抑的影响及作用机制。学术领域围绕这一话题展开的研究，特别是量化研究却相对匮乏，究其原因是目前对农业企业数字化销售模式转型的刻画仍存在局限。本文综合"阿里巴巴中国站的付费会员"数据和工业企业数据，提出了刻画农业企业数字化销售模式转型的方法；同时，本文进一步研究农业企业数字化销售转型对企业产出波动的影响效果和作用机制。本文研究发现了如下结论：（1）数字化销售模式转型可以有效地平抑农业企业的产出波动水平，该结果在平行趋势检验、安慰剂检验和稳健性检验中均显著成立；（2）数字化销售模式转型平抑农业企业产出波动的渠道主要有两条：一是数字化销售模式转型提高了供应链效率；二是数字化销售模式转型扩大了销售市场。本文研究为稳定农业企业产出波动提供了有效且可行的方案。基于上述研究结论，本文为加快农业企业数字化转型、缓解农业企业产出波动提出如下建议：

（1）抓好农业龙头企业数字化转型，发挥辐射带动作用。我国农业企业数字化程度还比较低，龙头企业具有产业优势和技术优势，各地政府可以先培育当地农业龙头企业进行数字化转型，给予其一定的优惠政策支持、引导和服务，如税收减免、低息贷款等，同时建立技术服务平台，为农业企业提供专业的数字化转型指导和技术支持，解决其转型过程中面临的难题，此外还可以建立信息共享平台，促进农业企业之间的资源共享，促进龙头企业发挥重大牵引作用，以增强农业企业整体的数字化活力，进而增强其抗风险能力。

（2）强化对农业企业数字化转型的政策支持。随着中国数字经济的蓬勃发展，其为传统产业提供了转型升级的强劲动力。面对数字经济发展的历史机遇，每个行业都需要深刻洞察时代的发展趋势，并主动融入信息化的浪潮。农业作为传统企业，数字化转型对于其发展壮大意义重大。因此应大力推进农业产业数字化转型，特别是在营销环节，借助电子商务可以实现线上线下融合互动，可以提升农业企业经济效益和防范经营风险。政府应通过政策支持与引导，加大力度鼓励农业企业采用电子商务平台改善传统销售模式，解决农产品"销售难"问题，进一步地，可以鼓励有条件的农业企业借助数字化来进行企业全链路的升级。

参考文献

[1] Buch C M, Döpke J, Strotmann H. Does export openness increase firm - level output volatility?[J]. World Economy, 2009, 32(4): 531-551.

[2] Brown, J. R., & Goolsbee, A. Does the Internet make markets more competitive? Evidence from the life insurance industry. Journal of political economy, 2002, 110(3), 481-507.

[3] Ellison, G., & Ellison, S. F. Search, obfuscation, and price elasticities on the internet. Econometrica, 2009, 77(2), 427-452.

[4] 段文奇，景光正．贸易便利化、全球价值链嵌入与供应链效率——基于出口企业库存的视角 [J]．中国工业经济，2021(02):117-135.

[5] 江小涓．网络空间服务业：效率、约束及发展前景——以体育和文化产业为例 [J]．经济研究，2018, 53(04):4-17.

[6] 江艇．因果推断经验研究中的中介效应与调节效应 [J]．中国工业经济，2022(05):100-120.

[7] 李晓阳，龙贝，李晓雪，等．政府补贴、股权结构与农业企业经营绩效——基于双固定效应模型的实证研究 [J]．农业技术经济，2021(12):127-144.

[8] 李国英．产业互联网模式下现代农业产业发展路径 [J]．现代经济探讨，2015(07):77-82.

[9] 罗双发，欧晓明．政治关联方式与农业企业绩效——基于农业类上市公司 2004—2012 年的经验数据 [J]．农业经济问题，2015, 36(10):43-52+111.

[10] 戚聿东，肖旭．数字经济时代的企业管理变革 [J]．管理世界，2020, 36(06):135-152+250.

[11] 屈小博，霍学喜．交易成本对农户农产品销售行为的影响——基于陕西省 6 个县 27 个村果农调查数据的分析 [J]．中国农村经济，2007(08):35-46.

[12] 王孝松，谢申祥．国际农产品价格如何影响了中国农产品价格？ [J]．经济研究，2012, 47(03):141-153.

[13] 王小兵，康春鹏，董春岩．对"互联网＋"现代农业的再认识 [J]．农业经济问题，2018(10):33-37.

[14] 谢玲红，毛世平．中国涉农企业科技创新现状、影响因素与对策 [J]．农业经济问题，2016, 37(05):87-96.

[15] 殷浩栋，霍鹏，汪三贵．农业农村数字化转型：现实表征、影响机理与推进策略 [J]．改革，2020(12):48-56.

[16] 于学文，杨欣，张林约．农产品市场营销与电子商务 [M]．北京：中国农业出版社，

2017.

[17] 张利庠，张喜才. 外部冲击对我国农产品价格波动的影响研究——基于农业产业链视角 [J]. 管理世界，2011(01):71-81.

[18] 张岳，周应恒. 数字普惠金融、传统金融竞争与农村产业融合 [J]. 农业技术经济，2021(09):68-82.

[19] 周应恒，耿献辉."现代农业"再认识 [J]. 农业现代化研究，2007(04):399-403.

农村集体经济组织成员权的内涵特点、资格要件与管理机制

高　强[1]　曾恒源[2]

（1.南京林业大学经济管理学院；2.安徽农业大学中国合作经济研究院）

摘　要： 农村集体经济组织成员权是关系农村集体经济有序发展和农民财产权益顺利实现的核心议题。基于农村集体产权制度改革的实践经验，本文梳理和总结了农村集体经济组织成员权的内涵特点、基本功能、资格要件和管理机制。研究表明，农村集体经济组织成员权本质上是一种身份区分与利益分配机制，兼具共益性和自益性特征；农村集体经济组织成员权的资格要件主要包括成员边界以及资格取得与丧失条件；农村集体经济组织成员权科学管理的关键在于健全集体成员补充、新增和退出机制，明确集体成员权利义务及其限制与恢复条件。健全完善农村集体经济组织成员权制度的重点在于严格落实《中华人民共和国农村集体经济组织法》，科学界定和动态管理集体成员资格，有效保障集体成员权利义务的实现，更好地服务于新型农村集体经济发展。

关键词： 农村集体经济组织；成员权；成员资格；资格界定

一、引言

赋予农民更加充分的财产权益是农村集体产权制度改革的重要内容。党的十八大以来，新一轮农村集体产权制度改革加速推进，农村土地承包经营

本文系2023年度中央农村工作领导小组办公室、农业农村部软科学项目"新型农村集体经济的发展路径与运行机制研究"的阶段性成果。

权、宅基地使用权、集体收益分配权等权益不断拓展，以农村集体经济组织成员权为纽带的各种问题和矛盾也日益凸显。开展农村集体经济组织成员权制度研究，准确界定和管理农村集体经济组织成员资格及其相关权益，成为深化农村集体产权制度改革、赋予农民更充分财产权益的一项重要议题。

已有研究围绕农村集体经济组织成员（以下简称集体成员）资格界定和权益实现等相关问题进行了广泛探讨。从集体成员资格界定来看，多数学者认为集体成员资格界定需要综合考虑户籍、土地承包关系等多种因素。例如，童航认为集体成员资格界定具有一定的复杂性，除了户籍因素、土地承包关系外，对集体产生的贡献、生活保障情况、出生与收养、结婚与离婚等情况也应考虑在内。因此，有学者提出某一个体是否可以被认定为集体成员应结合具体实际进行考量。此外，有学者认为，随着城乡人口流动加剧，针对长期在城市稳定定居的农业转移人口应尽快明确集体成员退出机制和补偿措施，对于有法定继承权的集体成员亲属则应明确成员资格或相关权益的继承条件和程序，加快建立"有进有出"的动态成员管理体系。

从集体成员的权益保障和实现来看，对集体成员资格进行界定的一个重要目的是保证集体成员实现相关权益。集体成员权，具体来说既反映了财产关系，又反映了人身依附关系，主要是指集体成员依据法律、章程和村规民约等，在农村集体经济组织中享有相应的财产性权利和民主性权利。集体成员资格界定从形式上完成了集体成员权的落地，而集体成员权的实现则需要通过集体资产股权设置和管理来实现。臧之页和孙永军认为，农村集体经济组织作为"特别法人"，具有类公司化的属性，因而集体成员权从性质上看属于"股东权"，从权利内容上可分为自益权（财产权）和共益权（身份权）两类。其中，自益权包括农村土地承包经营权、宅基地使用权、集体收益分配权等；共益权则主要体现为表决权、知情权、监督权等民主权利。总体上看，集体资产股权设置集中反映了集体成员权能否公平实现，是健全完善集体成员权制度的基础，而股权管理方式则决定了集体成员权的实现路径。

综上所述，关于农村集体经济组织成员权制度这一议题已经得到学术界的广泛关注，学者们对于该领域的研究已经取得比较丰硕的成果，但仍然存在一些待解决的问题。一方面，虽然《中华人民共和国农村集体经济组织法》（以下简称《农村集体经济组织法》）已经出台，但学术界对于集体成员资格界定的具体标准仍然存在较大争议，需要以法律为准绳从顶层设计的视角进行规范和统一；另一方面，学者们对于集体成员权的实现条件和保障措施研究尚不深入，需要基于基层实践进行深化和拓展。此外，在集体成员权管理方面，如何通过机制设计打通集体成员退出和新增的通道，引导集体成员行使相关权益和履行相应义务仍需进一步探讨。有鉴于此，本文基于农村集体产权制度改革的实践经验，重点讨论集体成员权的内涵特点、基本功能、资格要件以及管理机制，以期为进一步深化农村集体产权制度改革，健全完善集体成员权制度提供经验支撑和政策参考。

二、农村集体经济组织成员权的内涵特征和基本功能

（一）集体成员权的内涵特征

农村集体经济组织成员权是一种身份区分与利益分配机制，其在集体中所分配的特定利益构成了成员与非成员之间的界限。集体成员权的关键内涵可以从身份资格、利益属性和权利表现三个维度来进行理解。

第一，集体成员权的身份资格。集体成员权首先表现为特定的身份资格，其次是权利主体所支配的身份利益，然后是由此衍生的各项综合性权利。任何一个集体经济组织都有其边界和范围，也有其判定成员身份资格的标准。身份资格是集体成员获取分配集体利益的基础，集体成员权所指向的利益由其对应的特定成员资格和成员身份决定。也可以说，身份资格是集体成员权的当然属性，是集体成员在集体经济组织中地位的反映。

第二，集体成员权的利益属性。集体成员权以满足集体成员的特定利益为出发点，但其利益属性在内容和表现方式上存在特殊性。一方面，在集体成员权中，权利人支配的是一种身份利益，也就是集体成员资格，集体成员

权所产生的其他利益都以此为基础派生而来。另一方面，并非所有集体成员的身份性权利和财产性权利都能得到同等的实现。例如，部分集体成员的财产性权利是通过继承、转让等方式获得，这些集体成员可能仅具有财产性权利而不具有完整的身份性权利。还需注意的是，集体成员权所衍生出的财产性权利存在于其与集体的内部关系之中，即必须有一种具体的集体利益作为分配基础。例如，集体收益分配权的实现要以集体经济组织具有可以产生收益的集体资产或可分配的收益为前提。

第三，集体成员权的权利表现。集体成员权是一种权利束，这些权利包括但不限于农村土地承包经营权、宅基地使用权、集体收益分配权等。同时，集体成员权兼具对内性和对外性。对内性主要表现在成员参与权行使的场景具有一定的封闭性，即在集体内部展开和实现，一般不涉及非本集体经济组织成员；对外性则表现在集体成员权中的一些权利具有绝对性效力，例如集体成员的土地经营权能够流转给非本集体经济组织成员。此外，集体成员权兼具自益性与共益性。其中，自益性是指集体成员从集体经济组织中实现自我利益或获得相关福利的权利属性；共益性是自益性得以达成的手段，是指集体成员所拥有的，能够按照集体经济组织内部章程和规则行使对集体事务的管理决策方面的权利属性。

（二）集体成员权的基本特点

农村集体经济组织成员权因农村集体经济组织制度的变迁而在不同阶段呈现出不同的特点，其不仅受国家制度政策安排和经济社会发展的影响，而且因其自身实践形态的不同而存在差异。

第一，集体成员权具有动态演进的特征。随着国家制度的变迁和经济社会的发展，集体经济组织的内涵外延、制度结构和功能特征不断变化，集体成员权的具体内容也随之不断变化。在实行家庭联产承包责任制之后的一段时期，农村集体经济组织的主要功能是履行对成员的生存保障义务，因而集体成员权的主要内容体现在集体土地分配方式的平等性和稳定性上。这一时期的集体成员权在集体成员身份上强调区域内的村民与集体经济组织成员一一对应，以使区域内的每一个村民都能获得相应的集体权益保障。集体成员身份多因出生、死亡、婚姻或收养等事实行为产生或灭失，并以户籍变更作为其体现方式。这种限制正是在农村人口流动较少、农民基本生计温饱问题待解决的背景下对集体经济组织的功能定位。随着城乡关系发生变化、农村劳动力大量向外转移，集体经济组织职能转变步伐逐步加快，国家公共服务职能范围的扩展也为农村集体经济组织职能的变迁提供了可能。与此同时，在工业化城镇化持续推进和农村集体产权制度改革不断深入背景下，人口流动加剧和集体利益凸显，使得集体成员资格问题更为复杂。特别是对于一些城中村、城郊村而言，集体土地不再作为一种生存保障，农村集体经济组织的功能逐步从经营职能向兼具经营职能和社会职能转变。

第二，集体经济组织实践形态不同造成集体成员权的权利实现存在差异。由于农村经济发展不平衡、区域间发展差距较大，不同农村集体经济组织的实践形态存在较大差异。目前来看，传统的以村民小组或行政村为基本单元的"政经合一"的集体经济组织形式相对普遍，但一些经济较为发达、城乡融合发展程度较高的地区，已经在探索公司、集团等多种形式的现代集体经济组织形式。不同形态的集体经济组织形式导致集体成员资格和权利内容呈现出差异化的发展态势。例如，在一些采取统一经营或以工商业为主要经营方式的村庄，因没有可供分配的集体农地和宅基地，故对集体成员承包地分配请求权和宅基地分配请求权的实现上与传统农业村庄不同。需要说明的是，这种差异并非集体成员权本身具有的差异，而是在复杂多元的集体经济组织实践形态中产生的权利实现上的差异。

第三，集体成员对集体共有财产不具有分割请求权。在农村集体所有制框架下，集体财产可以份额化，却不具有可分割性，即集体财产无法分割给每一个具体的集体成员。农村集体经济组织是集体范围内生产资料的所有权行使主体，享有独立的排他性权利，集体成员作为本集体经济组织的一分子，只能在本集体经济组织范围内以集体成员名义占有、使用、收益土地等生产经营资料。集体成员在集体内部经营、收益集体财产时具有份额利益，在退出成员身份时可以与集体经济组织协商获得适当补偿或者在一定期限内保留其已经享有的财产权益，但不能要求分割集体财产。

（三）集体成员权的基本功能

任何一项制度均有其特定的制度功能，而这些功能的实现依赖于该体系结构内其他制度的相互联系与作用。从实践来看，新时代的农村集体经济组织成员权制度具有以下四项基本功能。

一是以身份为纽带的资源分配功能。集体经济组织以维护和实现集体成员的财产权益和民主权利为核心职责，集体成员权是集体成员根据其在集体经济组织中的身份获取利益的基础。要实现集体资源的合理配置，集体成员资格的科学界定是前提。通过集体成员资格界定划定集体成员界限，进而才能在特定的人群范围内分配集体资源。比如，农村土地制度的功能在于设置一个身份利益边界，将集体所有的土地权益的分享圈定在特定的集体成员范围之内，这种制度设计既是保护集体成员财产权益的重要措施，也为集体成员生存安全设定了一道防线。

二是以集体为边界的乡村治理功能。集体成员权在对集体利益进行分配的同时，具有维系成员生存与发展的功能，并以集体为边界发挥着重要的自治功能，这能够有效减少国家的基层治理成本。农村集体经济组织成员权制度能有效协调集体与成员个体的关系，通过促进集体成员自主管理集体事务，柔性地解决基层社会矛盾。集体成员在集体内寻求自我实现与发展，而国家通过对集体经济组织的管理间接实现对每个成员个体的管理。当然，农村集体经济组织的治理功能建立在其经济职能基础上，经济治理是第一功能，其次才是社会治理功能。

三是培育集体成员相互协作的功能。在农村集体经济组织中，集体成员之间的互助合作关系和能力是不容忽视的重要方面。集体成员之间既是独立的个体，又因集体成员权制度而形成一个不可分割的整体。在集体成员权制度之下，集体成员的合作意识和集体认同感不仅是一种道德观念，也是一种法律关系和契约关系。例如，通过设置集体资产股权并量化分配给本集体每一位成员，能够在成员与成员、成员与集体之间形成一种利益联结和行为规范，促成集体成员之间的相互协作。可见，集体成员权制度能够培育集体成员间稳定、和谐的互助关系。

四是防止集体侵犯成员权益的功能。集体经济组织的权利来源于集体成员的赋权，但权利来源与行使主体的分离，使集体经济组织的权利行使可能背离集体成员意志。要避免集体异化就需要构建相应的制约监督机制，使集体经济组织决策形成于多数集体成员的意志之上，使集体经济组织行为成为多数集体成员认可的共同行为。这一目标的实现与构建科学规范的集体成员权制度密不可分。集体成员权制度能够通过规定具体、明确的成员权利内容及行使方式，有效监督集体行为，并成为农村集体经济组织治理结构的基础。

三、农村集体经济组织成员权的资格要件

已经出台的《农村集体经济组织法》对于推动农村集体经济组织成员权制度的健全和完善具有重要意义。但从《农村集体经济组织法》的相关条款来看，关于农村集体经济组织成员权方面的规定仍然有完善空间。本文基于实践经验，从集体经济组织成员边界以及资格取得和丧失条件等方面对农村集体经济组织成员权制度展开讨论。

（一）农村集体经济组织成员边界

集体资源产权和集体成员均具有明确的边界。换句话说，一份资源不可能既归这个农民集体所有，又归那个农民集体所有。农户不可能既是这个集体经济组织的成员，又是那个集体经济组织的成员。综合实践经验来看，集体成员边界设定需要重点关注户籍关系、权利义务、居住状况和福利享受四

个要素。第一，户籍关系应当考虑迁入与迁出日期，对非原始取得的对象，其关键点为是否在一轮或二轮土地承包前迁入；在二轮土地承包之后迁入的，可参考农村土地承包经营权的享有程度。第二，权利义务的形成因素在于是否拥有家庭承包性质的农村土地承包经营权证。第三，居住状况也构成生产、生活基础的重要因素，但户籍关系在第一轮或第二轮土地承包后迁入，从未在农村居住过，没有拥有农村土地承包经营权证的，只是挂靠户。第四，福利享受是又一重要参考依据，有决议表明已实际享受过集体经济组织经济待遇的，可界定为本集体经济组织成员。当然，在界定农村集体经济组织成员资格时，还应当综合考虑除以上四个要素之外的其他因素。例如农嫁居群体中，只要是原始取得的农民子女，且户籍仍在原村，户籍关系应当作为主要依据；有材料证明具有农村土地承包经营权资格而放弃土地承包权利的，男方到女方落户并已办理结婚证明、户口迁移等手续的，应当享有集体经济组织的收益分配权。

（二）集体成员资格取得和丧失条件

第一，关于成员资格取得。集体经济组织成员资格取得通常需要考虑多种因素。从实际情况来看，不同地区集体经济组织成员资格的取得条件存在一定差异。例如，湖北省采取的是"户籍+年龄"的标准。规定只有取得村社户籍并年满16周岁，才可成为集体经济组织成员。如果户籍迁出，成员资格随之取消。该规定所确立的成员资格标准最大的特点是，强调集体经济组织成员具备履行参与农业生产经营活动义务的条件。广东省采取的是复合标准，即一般情况下由"特定身份+户籍+履行相应义务"作为确定集体经济组织成员的一般条件。"特定身份"指"原人民公社、生产大队、生产队的社员及其子女"；"履行相应义务"是指"履行法律法规和组织章程规定义务"；对于非上述人员，但在实行统分结合双层经营体制后户籍迁入集体经济组织所在地的，是否作为集体经济组织成员由成员大会决定。

第二，关于成员资格丧失。与成员资格取得标准相比，成员资格丧失标准可能更为复杂。除传统的户籍迁出标准外，不少集体经济组织以成员行为评判为由剥夺其成员身份。这种情况下引起的纠纷比较突出，矛盾也更为尖锐。但是，固化成员范围不利于组织成员的"新陈代谢"，从而影响集体经济发展。此外，对一些实质上未履行任何成员义务或是已获得其他身份保障的人仍保留原集体经济组织成员资格、分享集体利益也会引起集体经济组织内的不公。因而有必要通过排除一些既有成员资格的方式为新成员扩充空间，这也是集体经济组织通过一定的标准和程式建立成员退出机制的动因。

具体哪些情形可以作为法定的成员资格丧失标准，是划分国家立法强制和村集体自治的界限。该界限强调村集体不得以村规民约的形式变更国家法律强制性规定的内容，随意增加与法律规定相悖的成员资格丧失标准。对丧失集体经济组织成员资格，除《农村集体经济组织法》之外，最有影响力的参考之一是《最高人民法院农村土地承包纠纷案件司法解释理解与适用》，其中明确提出了丧失农村集体经济组织成员资格的四种对象：死亡；已取得其他集体经济组织成员资格；取得设区市非农业户籍；取得非设区市城镇非农业户口，且纳入国家公务员序列或城镇企业职工社会保障体系。前三种对象及纳入国家公务员序列，均不存在边界设定上的问题，但第四种对象中纳入城镇企业职工社会保障体系仍未细分出具体类型，边界设定还需要完善。

第三，关于集体成员资格保留。农村集体经济组织成员资格的保留，是指集体经济组织成员由于相关原因离开本村集体，但不失去其集体成员资格的情形。例如，服兵役人员、在校大中专学生、服刑人员以及符合法律、法规、章程和国家、省有关规定的其他人员应当保留集体成员资格。实践中，如果通过购买城市房产、纯粹为读书就学以及办理城镇养老保障等原因农转非的，经集体经济组织作出章程认可的，可保留集体成员资格。

四、农村集体经济组织成员权的管理机制

（一）集体成员补充、新增和退出

第一，关于集体成员补充。从各地实践看，存在以下情形的人员可依照相关程序补充为本集体经济组织成员：落户在本集体经济组织成员的新出生子女，通过分享家庭内拥有的集体资产权益的方式，按章程获得集体成员资格；因合法婚姻，原居住地为农村户籍并迁入本集体经济组织的人员、独女和丧偶、离异后再婚者及依法随其生活的未成年子女（须由原居住地集体经济组织出具取消其成员资格的证明）、户籍回农村原籍自主择业的退役士官，可依照相关程序补充为本集体经济组织成员；其他依法依规，并经表决同意补充为本集体经济组织成员的。

第二，关于集体成员退出或资格丧失。《农村集体经济组织法》已经对集体成员退出或资格丧失作出总体性规定，各地的实践也大多在《农村集体经济组织法》的框架下展开。一般而言，一个被普遍认可的标准是已宣告死亡的人员自动丧失集体成员资格。这与该标准属于日常经验法则、符合社会普通认知观有关。另一个被普遍认可的标准是集体成员加入另一集体经济组织，这与农民"一个成员不能同时享受两份成员利益"的朴素公平正义观有关。例如，因婚出等原因已依法或申请取得其他集体经济组织成员资格的人员。加入新的集体经济组织必然意味着要退出原集体经济组织，丧失原集体经济组织的成员资格。此外，集体成员主动申请退出是又一个被普遍认可的成员资格丧失标准。成员以书面形式自愿申请放弃本集体经济组织成员资格是其行使自身权利，通过其意志自由表达意愿的方式。与集体化时期成员资格的固定化相比，退出权的赋予实际上暗含了一定的选择权，即农民能自由选择其身份流动的去向。集体成员丧失中华人民共和国国籍或农村集体经济组织依法解散的，其集体成员资格也自动丧失。

（二）集体成员的权利义务及其限制恢复

第一，关于集体成员的权利。就基本权利而言，年满18周岁且具有独立民事行为能力的集体成员享有选举权、被选举权和表决权；对本集体经济组织财务收支、资产运营、收益分配等事项享有知情权、决策权、管理权、监督权；享有对本集体经济组织理事会提出质询、批评和建议的权利；按股份享受股利分红的权利；三分之一以上成员联名提议召开临时成员（代表）会议的权利；按有关规定享有合作社终止后剩余财产分配的权利；法律、法规和本集体经济组织章程规定的其他权利。

第二，关于集体成员的义务。就基本义务而言，集体成员应自觉遵守法律、法规、规章和本集体经济组织章程，执行成员（代表）大会和理事会的各项决议、决定；自觉遵守有关法律法规和党的各项方针政策；关心、支持本集体经济组织的生产、经营和管理活动，维护本集体经济组织的合法权益；根据所持股份承担相应的经营风险和有限责任；量化的股份不得随意退股提现；法律、法规和本集体经济组织规定的其他义务。

第三，关于集体成员权利限制。集体经济组织成员不但应当享有相关权利，也应当承担相应的义务。当集体成员长期不履行义务，或对集体经济组织利益造成重大损害时，集体经济组织有权依据法律和章程规定，对集体成员权利进行一定的限制。具体而言，一是对土地承包经营权的限制。集体成员所承包土地长期撂荒、擅自改变承包地农业用途、致使集体土地遭受毁坏的，集体经济组织有权收回承包地或不再分配承包地。二是对宅基地使用权的限制。当集体成员享有多于一处住宅或其占有的宅基地面积超过法律法规的限制时，应当按照法律法规的有关规定引导农户主动腾退或建立健全有偿使用机制。三是对其他财产权利的限制。当集体成员违反应当遵守的相关财产法明确的义务时，集体经济组织有权对其其他财产权益进行限制，但对财产权益限制程度由集体经济组织成员（代表）大会讨论决定。四是对于保留集体成员资格的特殊人员，以及违反法律法规及相关政策的集体成员，如在校大中专生、犯罪服刑人员等，应当限制其部分成员权利。五是集体成员对集体经济组织利益造成重大损害的，除承担相应赔偿外，可依据相关法律和章程的规定限制其部分或全部集体成员权利。六是其他集体成员权的限制可交由集体经济组织依法依规自治决定，通过章程等形式明确集体成员义务及违反义务的后果。

第四，关于集体成员权利恢复。集体成员权利的限制并非永久剥夺，只要其集体成员资格存在，就应当在限制情形消失后予以恢复。一是土地承包经营权恢复。土地因撂荒等原因被收回后，在土地未重新发包或集体经济组织仍有机动地，且权利限制者已作出整改、赔偿后，重新申请耕种土地的，如无其他特殊事由，可恢复其土地承包经营权利。二是宅基地使用权恢复。权利限制者在规定期限内按法律法规及相关政策要求作出整改、赔偿或补偿的，应当恢复其宅基地使用权。三是其他财产权利恢复。权利限制者作出相应整改，依法履行相关义务时，可恢复其相关财产权利。四是保留集体成员资格的人员，若其依照相关法规政策和章程恢复正式集体成员资格后，则其相应权利一并恢复。五是其他集体成员权利的恢复可交由集体经济组织依法依规自治决定。

五、完善农村集体经济组织成员权制度的思考建议

（一）集体成员资格界定应当考虑多种因素

集体经济组织成员资格界定情况复杂、政策性强，需要综合考虑多种因素。在实践中，各地在界定集体经济组织成员资格时往往考虑以下一些方面。比如是否享有农村土地承包经营权、户籍关系是否在本市本村、是否通过农转非加入城镇社保体系、是否在农转非时享受国家在就业等方面的优惠政策、是否曾经参加过集体资产处置、是否亡故或户口迁出本市等等。2024年6月通过并将于2025年5月施行的《农村集体经济组织法》为集体经济组织成员资格界定提供了根本遵循，但鉴于实践情况纷繁复杂，该法的很多规定

很难具体到解决实际中所有情形和问题的程度。法律规定较难涉及的情形，成为各方争议的焦点，也是进一步推进相关工作的重点和难点。因此，对于少数边缘人员或特殊群体的处置，需要遵循《农村集体经济组织法》的相关规定，在上级有关部门的监督指导下，按照产权与治权相统一的原则，充分发挥集体经济组织自主决策功能，公正地予以处理。

（二）集体成员资格管理应当坚持动态调整

成员资格界定是农村集体产权制度改革的重要内容，但资格界定后的集体成员如何管理、怎么退出、能否进入对集体经济发展同样具有重要影响。中央文件强调村集体新增人口通过分享家庭内集体资产权益获得集体资产份额和集体成员身份。这意味着集体经济组织成员资格界定实行"静态改革"，成员家庭的新增人口不再天然具备成员资格，这正是集体经济组织成员边界所在。但随着城乡人口流动加剧，集体经济组织成员边界势必被打破。因此，一方面，应当坚持渐进式改革的逻辑，针对长期在城市稳定定居的农业转移人口，建立股权有偿退出机制，研究制定成员资格退出条件；针对有法定继承权的集体成员亲属等群体，明确集体经济组织成员资格继承或转让程序。另一方面，实践中成员权与集体资产股权无法一一对应的现实情况，赋予了动态管理集体成员的基本条件。例如，实践中一些外派驻村书记因其职务需要，在其任职的村具有特殊成员资格，但在该村不享有集体收益分配权等财产权利。因此，要把改革与发展区分开来，改革中要静态固化成员权，改革完成后可依据《农村集体经济组织法》第十五条的相关规定，探索制定特殊成员资格条件和认定程序，依法赋予特殊成员相应的权利义务，最终建立"有进有出"的动态成员管理体系。

（三）集体成员权制度要有明确的法律支撑

农村集体经济组织成员权作为农村集体经济发展的基石，直接关系到农民的切身利益和农村社会的稳定。《农村集体经济组织法》为解决集体成员权管理实践中面临的诸多问题和争议提供了坚实的法律依据。未来，应当以《农村集体经济组织法》为准绳，进一步明晰农村集体经济组织成员权的相关权利义务以及管理规范。首先，应按照《农村集体经济组织法》的相关规定，明确集体成员权的概念、内容和行使方式，确保集体成员在集体经济组织中的主体地位得到充分保障。其次，应按照《农村集体经济组织法》的相关规定，引导集体成员切实行使权利、履行义务。权利方面，包括但不限于参与集体经济活动的权利、享有集体资产收益分配的权利、对集体经济组织决策的监督权等。义务方面，包括但不限于遵守组织章程、参与集体事务、维护集体利益等。再次，还应以《农村集体经济组织法》的相关条款为指引，进一步健全集体成员权的管理规范。这包括集体成员资格界定标准、资格取得和丧失条件，集体成员补充、新增退出机制等。最后，还应加强对《农村集体经济组织法》的宣传和解读。通过广泛宣传和解读，提高基层干部和广大群众对农村集体经济组织成员权制度的认知度和认同感。

（四）集体成员权制度要服务集体经济发展

推进农村集体产权制度改革，归根结底是要维护好和实现好农民的财产权益，因而健全完善集体成员权制度也应当以促进集体经济发展壮大为核心目标。应该看到，人才是农村集体经济发展的核心要素，而当前不少村庄发展集体经济面临人才约束。因此，要依托集体成员权制度，通过权益激励激活本土能人、平台建设吸引外来人才、制度创新保障长效发展，推动形成"成员主体参与、能人专业运营、集体持续壮大"的良性循环。具体而言，在集体经济的经营管理中，要充分激发集体成员的参与意识，明确参与内容、拓展参与方式。要以财产性权利为纽带建立集体成员共同体，充分激发集体成员参与集体经济经营管理的内在动力，培育集体成员的主体意识和实干精神。要科学制定集体经济组织章程，明确集体成员参与集体经济经营管理的权利范围和权利内容，有效保障集体成员的知情权、参与权、决策权和监督权。针对城乡融合背景下人口流动加剧的现实情况，要突破空间限制，利用微信群、公众号、小程序等现代科技拓宽集体成员参与集体经济经营管理的渠道。

参考文献

[1] 陈永蓉，李江红．农村集体经济组织成员权益的实现及保障机制 [J]．农业技术经济，2020(07): 144.

[2] 陈小君．我国农民集体成员权的立法抉择 [J]．清华法学，2017, 11(02): 46-55.

[3] 戴威．农村集体经济组织成员权制度研究 [M]．北京：法律出版社，2016: 34, 39, 54-59, 81-87.

[4] 方志权．农村集体经济组织产权制度改革若干问题 [J]．中国农村经济，2014(07): 4-14.

[5] 高强，鞠可心．农村集体产权制度的改革阻点与破解路径——基于江苏溧阳的案例观察 [J]．南京农业大学学报（社会科学版），2021, 21(02): 1-10.

[6] 高强．农村集体经济发展的历史方位、典型模式与路径辨析 [J]．经济纵横，2020(07): 42-51.

[7] 韩俊英．农村集体经济组织成员资格认定——自治、法治、德治协调的视域 [J]．中国土地科学，2018, 32(11): 16-21.

[8] 韩松．论农民集体所有权的成员集体所有与集体经济组织行使 [J]．法商研究，2021, 38(05): 144-158.

[9] "农村集体产权制度改革和政策问题研究"课题组，夏英，袁崇法．农村集体产权制度改革中的股权设置与管理分析——基于北京、上海、广东的调研 [J]．农业经济问题，2014, 35(08): 40-44.

[10] 童航．农村集体经济组织成员资格的认定标准——基于地方立法文本和规范性文件的分析 [J]．农业经济问题，2023(08): 73-85.

[11] 汪义双．动态体系论下农村集体经济组织成员资格认定研究 [J]．甘肃政法大学学报，2023(02): 133-145.

[12] 温世扬．从集体成员权到法人成员权——农村集体经济组织法人成员权的内容构

造 [J]. 武汉大学学报（哲学社会科学版），2022, 75(04): 143-153.

[13] 肖盼晴. 产权科层视角下集体成员权的实现机制研究 [J]. 农业经济问题，2023(10): 92-100.

[14] 杨一介. 农村集体经济组织成员权解释 [J]. 西南民族大学学报（人文社会科学版），2023, 44(09): 51-63.

[15] 张先贵，盛宏伟. 农村集体经济组织成员资格认定标准：底层逻辑与应然表达——面向农村集体经济组织立法背景的深思 [J]. 安徽师范大学学报（人文社会科学版），2023, 51(03): 114-125.

[16] 臧之页，孙永军. 农村集体经济组织成员权的构建：基于"股东权"视角分析 [J]. 南京农业大学学报（社会科学版），2018, 18(03): 65-74.

农业农村现代化指标体系构建及时空分异

王　霞　王　莉　张　斌

（农业农村部农村经济研究中心）

摘　要： 农业农村现代化是实施乡村振兴战略的总目标，构建农业农村现代化评价指标体系具有重要的现实指导意义。本文在系统阐释农业农村现代化内涵的基础上，从农业现代化、农村现代化、农民现代化三个方面，筛选出 14 个代表性指标，构建了农业农村现代化评价指标体系，并通过设定 2035 年目标值，采用等权重法对 2013—2019 年全国及各地区的农业农村现代化水平进行了测算评估。结果表明，党的十八大以来，全国农业农村现代化水平稳步提高，综合得分由 2013 年的 56.71 分上升到了 2019 年的 69.44 分。东部地区综合水平最高，中部和西部地区农业农村现代化水平增长较快，但与东部地区仍有明显差距。我国农业农村发展仍然面临不少短板弱项，农业劳动生产率增长缓慢，农村基础设施和公共服务供给水平还比较低，农民增收和缩小城乡差距是未来农业农村现代化进程的重点难点。因此，建议持续提高农业劳动生产率对经济增长的贡献，强化农村基本公共服务供给县域统筹，加快构建促进农民持续增收的长效政策机制，加快建立农业农村现代化监测评价体系。

关键词： 农业农村现代化；评价；指标体系；区域比较；等权重法

推进农业农村现代化是全面建设社会主义现代化国家的重大任务。党的十九大报告提出了实现农业农村现代化的时代要求，明确了由2035年"基本实现"到2050年"全面实现"的全方位跃升。当前我国"三农"工作已进入

基金项目：国家社会科学基金青年项目（20CJY034）；农业农村部农村经济研究中心"十四五"重大研究课题。

全面推进乡村振兴、加快农业农村现代化的新发展阶段。站在全面建成小康社会的新起点，对照全面实现农业农村现代化的远景目标依然面临严峻挑战。一方面，农业生产力增速放缓、城乡发展不均衡、农村基础设施薄弱及公共服务不足等问题突出；另一方面，全球气候变化、地缘政治竞争加剧、不确定性事件频发等情况对我国农业发展的影响也在加深。构建农业农村现代化评价指标体系，形成衡量我国农业农村现代化发展水平的科学工具，有利于摸清我国农业农村发展的现状，科学量化经济社会发展不平衡不充分的现实，找准与发展目标的差距，为缩小城乡间、区域间发展差距，有针对性地制定全面推进乡村振兴、加快农业农村现代化的各项政策提供决策参考。本文试图回答以下问题：中国现阶段农业农村现代化发展水平怎么样？发展区域分布如何？农业农村现代化目标能否如期实现？

国内外学者对农业现代化的研究成果非常丰富，但对农业农村现代化的研究处于起步阶段，仅围绕农业农村现代化的内涵及指标体系进行了初步探讨。在农业农村现代化内涵的研究上，有学者提出要从审视角度、重要性认识、推进方式和认知程度等方面提升"三农"工作认识；也有学者提出农业农村现代化具体体现为"六化"，涵盖农业产业体系、生产体系、经营体系，以及农村生态、文化、治理体系和治理能力等六个方面的现代化；还有学者从农业现代化、农村现代化、农民现代化及"五位一体"的视角来阐释。在农业农村现代化评价指标体系的研究上，早期学者主要关注农业现代化，评价指标体系包含农业发展水平、农村城镇化水平、农业支持保护水平和农业可持续发展水平等四个方面。党的十九大以来，随着农业农村现代化的内涵不断丰富，农村现代化的理念逐渐进入研究视野，从构建农业现代化指标体系逐步向构建农业农村现代化指标体系转变，在农村现代化上主要关注农村生态环境、基础设施、治理体系和治理能力、农民生活质量等方面，突出中国特色。在指标体系构建方面，有学者从高质量发展、高品质生活、底线思维三个维度，结合考虑推进农业现代化、农村现代化、农民现代化或农业农村经济建设、政治建设、文化建设、社会建设、生态文明建设"五位一体"等视角，构建了包括25个指标在内的2035年中国特色农业农村现代化评价指标体系，并测算了2035年目标值。也有学者从农业现代化、农村现代化、底线任务三个方面，构建了包括农业产业体系现代化、农业生产体系现代化、农业经营体系现代化、农村基础设施和公共服务现代化、农村居民思想观念和生活质量现代化、农村治理体系和治理能力现代化等6个二级指标，34项具体指标的农业农村现代化评价体系。近年来地方政府对农业农村现代化指标体系开展积极探索。苏州市于2020年率先提出《农业农村现代化指标评价考核指标体系（2020—2022年）》，主要围绕"农业现代化、农村现代化、农民现代化、城乡融合发展"四个方面进行部署。山东省潍坊市、山西省临猗县于2021年先后发布了各自的指标体系，主要从农业生产现代化、农民生活现代化、乡村生态现代化、乡村文化现代化、乡村治理现代化和城乡融合现代化等六个方面构建评价体系。

在现有文献中，农业农村现代化指标体系构建方面的系统性研究尚处于起步阶段；根据指标体系进行区域差异测算评估的研究还有待细化，指标体系的适用性还有待深入探讨。本文基于对农业农村现代化内涵的界定，从农业现代化、农村现代化、农民现代化三个维度，全面梳理了具有代表性、数据可得的指标，从中挑选出14个具体指标构成农业农村现代化评价指标体系。并对全国及各省级层面进行实际测算，观察全国及各地区农业农村现代化的发展现状，对比地区发展差异，总结农业农村现代化过程中的短板弱项，据此提出推进农业农村现代化的政策建议。

一、构建农业农村现代化评价指标体系的基础

（一）农业农村现代化的内涵特征

国内外对现代化的理论创新和实践探索，为我国农业农村现代化指标体系构建提供了认识基础和实践依据。经典农业现代化的理论探索可以追溯到20世纪60年代初，西方社会对农业现代化的研究认为，仅使用传统生产要素的农业是无法对经济增长作出重大贡献的，但是现代化的农业能对经济增长作出重大贡献。马克思、恩格斯认为小农生产方式存在历史局限性，会阻碍生产力的发展。中华人民共和国成立后，毛泽东同志率先提出了"我们已经或者即将区别于古代，取得了或者即将取得使我们的农业和手工业逐步地向

着现代化发展的可能性"。邓小平同志开启了中国特色社会主义建设新时期，将农村家庭联产承包责任制作为推进农业现代化的一项根本制度。江泽民同志强调农业产业化经营是增强农业自我发展能力，增强农民收入的有效途径。胡锦涛同志提出坚持以工业反哺农业、城市支持农村，促进农业现代化建设。

党的十九大首次明确提出农业农村现代化，习近平总书记逐步丰富了农业农村现代化的理论内涵，为构建农业农村现代化指标体系提供了最重要的理论指引。农村现代化既包括"物"的现代化，也包括"人"的现代化，还包括乡村治理体系和治理能力的现代化等多个方面。从诸多表述中可以看出，农业农村现代化是一个动态过程，根据生产工具的发展状况，文献中提出了不同阶段的标志性特征。新发展阶段有学者将农业农村现代化的内涵特征概括为"六化"，包括农业产业体系现代化、农业生产体系现代化、农业经营体系现代化、农村基础设施和公共服务现代化、农村居民思想观念和生活质量现代化、农村治理体系和治理能力现代化。还有学者从改善农业生产关系、提高农业生产率、制度变革和科技创新等方面阐释农业农村现代化的推进路径。

综合各方认识，本文认为农业农村现代化是农业、农村、农民三个层面的全面现代化。其中，农业现代化的核心是实现产业体系、生产体系、经营体系的现代化，强调物质经济现代化，是农业农村现代化的基础。现代化的产业体系，就是要以粮食产业为核心，健全完整的农业产业链条，实现一二三产业融合发展；现代化的生产体系，就是将优良品种、先进技术、物质装备等现代生产要素导入传统农业，提高资源利用效率和劳动生产率，实现农业绿色发展；现代化的经营体系，就是不断创新农业经营方式，优化要素组合。农村现代化的核心是区域发展现代化，强调区域总体发展水平和发展条件，实现生态美、条件优，是农业农村现代化的重点。实现生态美，必须把经济增长与环境保护综合起来考虑，处理好农村"绿水青山"和"金山银山"的关系；实现条件优，必须高度重视乡村基础设施建设、公共服务保障能力提升和基层治理能力建设，坚持以人民为中心的理念，全面提升乡村整体发展环境。农民现代化的核心是人的现代化，突出强调个体的综合发展水平和发展能力，是农业农村现代化的根本。推进农民生活现代化就是要满足农民群众日益增长的美好生活需要。随着社会经济发展和居民生活水平提高，农民对现代化生活的内容也在与时俱进。

（二）评价指标体系构建原则

按照科学、系统、可操作的原则，农业农村现代化指标体系构建要重点把握四点基本原则。一是对标国际前沿。现代化的核心是利用现代的科学技术全面改造国民生产物质条件和精神条件，因此农业农村现代化评价首先需要对标国际前沿，确保物质生产条件和生产力水平方面基本达到发达国家中等水平。二是体现中国特色。世界各国的现代化既有共性特征，也有差异性。美国农业地广人稀，以色列农业干旱缺水，不同发达国家的资源禀赋差异造成了其现代化道路的差异。我国的农业农村现代化也必须基于本国实际，充分体现中国特色。必须坚持党的领导，坚持共同富裕的长远目标，坚持公有制为主体，解决小农户分散经营，解决城乡二元结构，实现城乡基础设施统筹建设、城乡公共服务均等化。三是突出时代特征。不同的历史时期具有不同的历史特征，农业农村现代化必须坚持与时俱进，突出时代特征。当今世界正经历百年未有之大变局，新一轮科技革命和产业革命深入发展。我国农业农村现代化必须以新的科学技术为支撑，充分利用数字化、绿色化新技术，以实现生产力水平的迅速提升和生产关系的深刻变革。四是保障粮食安全。粮食安全是国家安全的重要基础，必须牢牢把握"确保谷物基本自给、口粮绝对安全"的新粮食安全观，坚持以我为主、立足国内、确保产能、适度进口、科技支撑的国家粮食安全战略，"藏粮于地、藏粮于技"的要求，走好我国特色粮食安全之路和农业农村现代化之路。

（三）评价指标体系的备选指标

充分借鉴已有研究，对现有文献和规划中的评价指标进行分类汇总，表1

列出了已有研究中农业现代化、农村现代化、农民现代化三个方面的评价内
容和相应的主要指标。为本文构建农业农村现代化评价指标体系提供了研究
基础和依据。

表1　已有研究和规划中的农业农村发展评价指标

指标维度	评价内容	具体指标
农业现代化	食物安全底线	1）粮食生产能力；2）粮食产出率；3）重要农产品保障程度
	生产效益水平	1）农业劳动生产率；2）农业土地产出率；3）农业相对劳动生产率；4）农业比较劳动生产率
	农业产业体系	1）养殖业产值占农业总产值比重；2）农林牧渔服务业占农林牧渔产值比重；3）农产品加工业与农业总产值之比；4）休闲农业等新产业新业态产值占比；5）农业及相关产业产值与国内生产总值比；6）农业数字经济与农业增加值比
	农业生产体系	1）农作物耕种收综合机械化率；2）高标准农田占比；3）农业科技进步贡献率；4）耕地质量等级；5）有效灌溉面积占比；6）农田灌溉水有效利用系数；7）农产品供应链完善程度；8）农业信息化率
	农业经营体系	1）农民加入合作社的比重；2）农业专业化社会化服务小农户比例
	农业绿色发展	1）农业碳排放总量；2）畜禽、秸秆、农膜等农业废弃物综合利用率；3）畜禽粪污综合利用率；4）畜禽养殖规模化率；5）主要农作物秸秆综合利用率；6）化肥施用强度；7）万元农业GDP耗水；8）全年好于二级的优良天气比例；9）森林覆盖率
	国家支持保护	1）农业保险深度；2）农林水事务支出占农林牧渔业增加值的比重；3）单位农林牧渔业增加值的农业贷款投入
农村现代化	生态宜居	1）无害化卫生厕所普及率；2）农村生活污水治理率；3）村庄绿化率；4）农村清洁能源消费占比；5）农村生活垃圾资源化利用率
	治理有效	1）集体经济强村比重；2）农村党员占农业人口的比例；3）农村网上政务服务覆盖率；4）乡村刑事案件发生率；5）村委会选举村民参与率；6）村民对村务公开满意度
	设施齐全	1）较大人口规模自然村（组）通硬化路比例；2）农村互联网普及率；3）农村自来水普及率
	服务便利	1）农村普惠性幼儿园覆盖率；2）农村义务教育学校专任教师本科以上学历比例；3）乡村医生中执业（助理）医师比例；4）乡镇（街道）范围具备综合功能的养老服务机构覆盖率；5）有本级政府创办的敬老院的乡镇比例
	文化繁荣	1）农村风貌协调度；2）县级及以上文明村占比；3）文明乡风传承；4）历史文化（传统）村落保护利用完成率

指标维度	评价内容	具体指标
农民现代化	收入水平	1）农村居民人均可支配收入；2）农村居民基尼系数；3）农村居民恩格尔系数；4）农村居民人均肉蛋奶消费支出；5）城乡居民人均可支配收入比；6）农村最低平均生活标准占农民收入比
	生活水平	1）农村居民每百户年末家用汽车拥有量；2）农村居民每百户年末冰箱拥有量；3）农村居民每百户年末洗衣机拥有量；4）农村供水普及率；5）农村宽带入户率；6）有电子商务配送站点的行政村比例；7）村内主干道路面硬化的行政村比例
	教育医疗	1）农村居民平均受教育年限；2）农村居民人均预期寿命；3）农村居民健康素养水平；4）农村居民医疗保健支出占消费性支出比例；5）农村居民人均教育文化娱乐支出比例
	文化政治素养	1）村民委员会成员中女性占比；2）乡村文明家庭户占比；3）农村村委会依法自治达标率；4）平均每村本年度发生的、无法在村内调解解决的纠纷数

注：根据相关文献资料整理。

二、农业农村现代化的评价指标体系

（一）指标选取及数据来源

本文运用2013—2019年全国31个省（区、市）的省级面板数据试算农业农村现代化水平，因数据可得性，未包括我国台湾、香港和澳门地区。尽管现有研究中农业、农村、农民现代化涵盖的指标极其广泛，但省级层面的可选指标非常有限。因此，综合考虑指标的科学性和数据的可获得性，本文在借鉴现有评价指标体系研究的基础上，按照农业高质高效、农村宜居宜业、农民富裕富足的具体目标要求，最终确定了农业现代化、农村现代化、农民现代化3个一级指标，选取14个具有代表性的二级指标，构建农业农村现代化评价指标体系。

该研究中的数据主要来源于2013—2019年《中国统计年鉴》《中国农业统计年鉴》《中国农村统计年鉴》《中国环境统计年鉴》《城乡建设统计年鉴》《中国人口和就业统计年鉴》，其中一些指标可以从年鉴中直接获取，对于无法直接从年鉴中查找到的数据，则通过简单计算得到，如农业机械化率、农业土地产出率、农业劳动生产率、粮食产出率等。本文对区域划分的分类以《中国统计年鉴》为准。其中，东部地区包括北京、天津、河北、上海、江苏、浙江、福建、山东、广东和海南；中部地区包括山西、安徽、江西、河南、湖北和湖南；西部地区包括内蒙古、广西、重庆、四川、贵州、云南、西藏、陕西、甘肃、青海、宁夏和新疆；东北地区包括辽宁、吉林和黑龙江。样本总数为217。

农业高质高效就是粮食安全有保障，农业产业有竞争力。因此，农业现代化维度选取了农业机械化率、农业土地产出率、农业劳动生产率、化肥施用强度和粮食产出率等5个指标。其中，农业机械化率是指主要农作物耕种收综合机械化率，是传统的农业现代化指标；农业劳动生产率是指单位劳动力的人均产值，是体现农业核心竞争力的重要指标；农业土地产出率是指单位耕地面积的农业产值效益；化肥施用强度是指单位播种面积的化肥施用量，综合体现农业的可持续发展能力；粮食产出率是指单位面积粮食产量，体现粮食供给能力。

农村宜居宜业就是乡村生态美、条件优，既守得住绿水青山，又留得住青年人才。因此，农村现代化维度选取了无害化卫生厕所普及率、森林覆盖率、农村供水普及率、农村居民平均每百户年末家用汽车拥有量、农村最低平均生活标准占农民收入比等5个指标。其中，无害化卫生厕所普及率反映农村生活环境；森林覆盖率反映农村生态环境；农村供水普及率反映农村供水状况，体现最基本的生活保障条件；农村居民平均每百户年末家用汽车拥有量反映农村交通状况，体现农村发展保障条件；农村最低平均生活标准占农民收入比反映农村低保状况，体现农村公共服务保障水平。

农民富裕富足，就是农村居民物质生活富裕、精神生活富足。因此，农民现代化维度选取了农村居民人均可支配收入、农村居民恩格尔系数、农村居民平均受教育年限、城乡居民人均可支配收入比等4个指标。其中，农村居民人均可支配收入反映农民绝对收入，农村居民恩格尔系数反映农民家庭生活水平，综合体现物质层面的富裕状况；农村居民平均受教育年限反映农民受教育程度，城乡居民人均可支配收入比反映城乡收入差距，综合体现精神层面的富足状况。

（二）设定目标值

关于2035年指标目标值的设定。大部分指标的2035年目标值借鉴了已有发展规划、政策文件等要求和相关研究成果，还有部分指标是根据历史数据推算得出。其中，农业机械化率参照《"十四五"推进农业农村现代化规划》，规划提到2025年该指标目标值为75%，本文将2035年该指标的目标值定为90%。农业土地产出率的目标值对标国际经验，并结合历史趋势，本文外推得到的目标值为10万元/公顷。对于农业劳动生产率的相关研究认为2035年目标值应该在6.5万元/人以上，结合该指标的增长率，本文将该指标的目标值定为8万元/人。农业可持续发展水平的具体指标采用化肥施用强度，2017年，我国化肥施用水平为352千克/公顷，比国际规定的每公顷农用化肥施用量225千克高出127千克。《苏州市率先基本实现农业农村现代化评价指标体系》中提出，全面实现农业农村现代化化肥投入强度的目标值为225千克/公顷。结合我国农业经济发展的实际需求，本文在国际规定标准基础之上提高10%，将化肥施用强度2035年目标值定为250千克/公顷。根据《全国重要生态系统保护和修复重大工程总体规划（2021—2035年）》要求，森林覆盖率2035年目标值定为26%。农村居民平均每百户年末家用汽车拥有量的现值为33.3辆，推算的目标值为50辆；农村最低平均生活标准占农民收入比的现值为33.3%，推算的目标值为50%。城乡居民人均收入比的现值为2.64，已有研究均认为该指标值应该小于2，甚至也有学者认为应该小于1.8，结合目前的城乡差距，本文将目标值定为2。农村居民可支配收入的现值为16 021元，推算的目标值为30 000元。本文构建的农业农村现代化评价指标体系及目标值详见表2。

表 2 农业农村现代化评价指标体系

一级指标	二级指标	具体指标	计算方法	2019年现值	2035年目标值
农业现代化	农业机械化水平	农作物耕种收综合机械化率（%）	机耕率×40%+机播率×30%+机收率×30%	70.02	90
	农业土地产出效率	农业土地产出率（万元/公顷）	第一产业增加值/耕地面积	5.22	10
	农业劳动生产效率	农业劳动生产率（万元/人）	第一产业增加值/第一产业总就业人口	3.62	8
	农业可持续发展水平	化肥施用强度（千克/公顷）	化肥施用总量/播种面积	325.68	250
	粮食产出水平	粮食产出率（吨/公顷）	粮食产量/粮食播种面积	5.72	7
农村现代化	农村生态环境	森林覆盖率（%）	森林面积占区域总面积比重	23.00	26
	农村生活环境	无害化卫生厕所普及率（%）	无害化卫生厕所普及率	62.50	90
	农村供水状况	农村供水普及率（%）	农村供水普及率	80.98	95
	农村交通状况	农村居民年末家用汽车拥有量（辆/百户）	农村居民平均每百户年末家用汽车拥有量	24.70	50
	农村低保状况	农村最低平均生活标准占农民收入比（%）	（农村最低生活保障平均标准/农村居民人均可支配收入）×100	33.30	50
农民现代化	农民绝对收入	农村居民人均可支配收入（元）	农村居民人均可支配收入	16 021	30 000
	农民物质消费	农村居民恩格尔系数（%）	人均食品烟酒消费/消费总支出	30.00	25
	农民受教育程度	农村居民平均受教育年限（年）	小学人口比重×6+初中人口比重×9+高中人口比重×12+大专及以上人口比重×16	7.92	11
	城乡收入差距	城乡居民人均可支配收入比	城镇居民人均可支配收入/农村居民人均可支配收入	2.64	2

（三）测算方法

1.指标标准化处理与权重

评价指标的标准化处理采用目标比值法，即对标目标值将各项指标进行无量纲化处理。该方法可以更好地体现每项指标的实现程度。因为指标体系中既有正向指标又有逆向指标，以目标值为标准，正向指标是指指标现值低于目标值，逆向指标是指指标现值高于目标值，因此在标准化处理时需要对它们的评分方法有所区别。其中，正向指标包括：农业机械化率、农业土地产出效率、农业劳动生产率、粮食产出率、农村无害化卫生厕所普及率、森林覆盖率、农村供水普及率、农村汽车拥有率、农村最低平均生活标准占农民收入比、农村居民收入、农村居民平均受教育年限等11项；逆向指标包括：农业化肥投入强度、农村居民恩格尔系数、城乡居民收入差距等3项。

对于正向指标，其实现标准化处理的计算方法为：

$$Y_{ij} = \begin{cases} X_{ij}/X_{i,\max} \times 100 \ldots\ldots 若\ X_{ij}/X_{i,\max} < 1 \\ 100 \ldots\ldots\ldots\ldots\ldots 若\ X_{ij}/X_{i,\max} \geq 1 \end{cases} \tag{1}$$

$$(i=1, 2, \cdots, m; j=1, 2, \cdots, n)$$

对于逆向指标，其实现程度的计算方法为：

$$Y_{ij} = \begin{cases} X_{i,\max}/X_{ij} \times 100 \ldots\ldots 若\ X_{i,\max}/X_{ij} < 1 \\ 100 \ldots\ldots\ldots\ldots\ldots 若\ X_{i,\max}/X_{ij} \geq 1 \end{cases} \tag{2}$$

其中，X_{ij}为第j年或j地区第i个指标的实际值，$X_{i,max}$为目标值，Y_{ij}是无量纲化后的标准值。上述公式中，第一行是正向指标的标准化公式，第二行是逆向指标的标准化公式。在标准化处理中，采用100分满分制。对于正向指标，当正向指标的数值低于目标值时，标准化取值为二者的比值；当正向指标的数值已经超过目标值时，标准化取值为100分。对于逆向指标，当逆向指标的数值超过目标值时，标准化取值为二者比值的倒数；反之，则标准化取值为100分。表3给出了标准化的具体情况。

参考联合国发展计划署的人类发展指数、联合国可持续发展目标评估等测算方法，本文通过等权重法赋予每个指标各自的权重。农业现代化、农村现代化、农民现代化三个维度的比重各为1/3，在农业现代化维度中，5个具体指标的比重各占1/5；在农村现代化维度中，5个具体指标的比重各占1/5；在农民现代化维度中，4个具体指标的比重各占1/4。本文对14个二级指标进行等权重赋权，具体结果见表3。

表 3 指标标准化值和权重结果

具体指标	均值	方差	最小值	最大值	权重
农作物耕种收综合机械化率	62.70	20.37	12.66	100	0.0667
农业土地产出率	50.68	26.08	12.24	100	0.0667
农业劳动生产率	29.91	11.42	9.22	67.68	0.0667
化肥施用强度	71.41	20.98	31.27	100	0.0667
粮食产出率	77.65	13.09	47.61	100	0.0667
森林覆盖率	81.22	26.65	16.15	100	0.0667
无害化卫生厕所普及率	62.17	27.33	9.92	100	0.0667
农村供水普及率	76.88	17.88	34.39	100	0.0667
农村居民平均每百户年末家用汽车拥有量	35.79	21.01	0.60	99.6	0.0667
农村最低平均生活标准占农民收入比	64.06	12.37	36.61	95.73	0.0667
农村居民人均可支配收入	46.03	16.63	20.97	100	0.0833
农村居民恩格尔系数	78.17	11.82	46.08	100	0.0833
农村居民平均受教育年限	69.76	7.55	34.72	89.10	0.0833
城乡居民人均可支配收入比	78.56	10.34	56.24	100	0.0833

2. 综合得分测算方法

确定各指标的标准化和权重确定方法后，将各指标得分进行加总可以得到综合得分，通过综合得分高低对农业农村现代化水平进行评价。具体计算方法为：

$$Z = \sum_i w_i Y_{ij} \tag{3}$$

其中，w_i代表第i项指标的权重，Z代表综合得分，最高得分为1，最低得分为0。得分越高，说明农业农村现代化水平越高。

三、结果与分析

（一）全国农业农村现代化发展情况

从测算结果来看，近年来我国农业农村现代化水平稳步提高。全国农业农村现代化的综合得分由2013年的56.71分上升到了2019年的69.44分，累计提高12.73分，每年的增长速度约为3.4%（见表4）。如果按照目前的增长趋势，我国有望在2035年之前基本实现农业农村现代化。其中，农业、农村、农民各方面的得分也都呈现稳定上升的趋势。农业维度得分由2013年的55.21分上升至2019年的65.49分，提高了10.28分；农村维度得分由2013年的54.17分上升至2019年的71.74分，提高了17.57分；农民维度得分由2013年的60.77分上升至2019年的71.09分，提高了10.32分。这表明党的十八大以来，在各方面的共同努力下，脱贫攻坚和全面建成小康社会取得了巨大成就，农业农村现代化的整体水平得到极大飞跃。

此外，从各维度的增长情况来看，农村维度得分的增长幅度最大。2013年农村维度在三个维度中的得分最低，而到2019年农村维度得分超过了农业和农民维度。2013—2019年间，农村维度的得分增长率最高，达到32.43%，农业和农民维度的增长率分别为18.62%、16.98%。从各维度对综合得分的贡献率也可以看出，农村维度贡献率最高，达到46.03%，农业和农民维度的贡献率均在27%左右。

表4　2013—2019 年全国农业农村现代化评价指标体系测算结果

年份	农业维度	农村维度	农民维度	综合
2013	55.21	54.17	60.77	56.71
2014	56.57	57.68	63.92	59.39
2015	58.10	60.27	64.57	60.98
2016	59.12	63.94	66.26	63.11
2017	61.78	68.00	67.98	65.92
2018	63.68	70.08	69.76	67.84
2019	65.49	71.74	71.09	69.44
绝对变化	10.28	17.57	10.32	12.73
维度贡献率 / %	26.94	46.03	27.03	—

农业现代化是加快我国农业农村现代化进程的关键发力点。从表4可以看出，我国农业农村现代化水平相比过去已经有了很大的提高，但也要清醒

地认识到存在的不足。农业农村现代化综合得分还未达到70分，离目标得分（满分100分）仍然有30分以上的差距，之后每提高1分的难度都会加大。特别是农业发展方面，距离2035年的目标值还有较大差距。此外，农民维度的增长速度也相对较低，未来需要持续加快发展。

（二）全国农业农村现代化二级指标发展变化

2013—2019年间，全国农业、农村和农民各维度二级指标的得分变化情况如表5所示。

在农业现代化方面，农业劳动生产率是突出短板。第一，土地和劳动力要素在农业生产上具有十分重要的地位。从指标得分贡献率来看，农业土地和劳动产出效率对于综合得分的贡献率较高，分别达到了6.86%和6.59%，指标得分逐年上升。不过值得注意的是，从绝对得分来看，2019年劳动生产率仅为39.95分，增长速度缓慢，这表明我国农村地区的劳动生产率水平仍然较低。改革开放以来，伴随我国农业总产值持续上升，农业就业人口占比持续下降，但与发达国家仍有较大差距。发达国家农业就业人口占比通常伴随着农业产值占比的下降而下降并逐渐趋同，而我国目前农业就业人口占比远高于农业产值占比，如2020年两者分别为23.6%、7.7%。此外，我国农业劳动力老龄化严重，农民教育水平等综合素质有待提高。农业劳动生产率是当前及未来农业现代化进程中的突出短板，提高劳动生产率将是农业农村现代化面临的严峻挑战。2019年，土地产出率得分为52.25分，提高土地生产效率在农业高质量发展中不容忽视。第二，2013年以来，农业机械化水平、农业绿色发展水平和粮食产出水平均进一步提升。其中，机械化率由66.09分提高到了76.78分，上升了10.69分，对综合得分的贡献率为5.60%；农业绿色发展水平69.22分上升至76.76分，粮食产出水平由74.19分提高至81.71分，对综合得分的贡献率相对较低，均在3.9%左右。农村劳动力的大量外流造成了农业劳动力数量的减少和结构的变化，诱发了对农业机械的需求，机械化不仅能减少劳动投入，也有助于化肥减量，实现规模效应，推进粮食高质量生产。

由此可见，党的十八大以来，我国农业现代化稳步推进，粮食生产能力持续提升，农业生产效益和可持续发展能力不断增强。随着城镇化推进和消费升级，粮食需求仍将保持刚性增长，劳动生产率和农业机械化对未来农业经济增长贡献仍有较大潜力。

在农村现代化方面，基础设施和公共服务依然是短板弱项。在农村生活环境方面，2019年指标得分仅为69.44分，无害化卫生厕所普及率从52.4%提高到了62.50%，虽然指标得分逐年上升，但提升速度总体较慢，与目标值仍存在较大差距。近年来，政府不断加大农村人居环境整治提升政策支持力度，从2019年开始，组织开展农村"厕所革命"整村推进财政奖补工作。每年中央财政安排70亿元以上资金推进实施农村"厕所革命"整村推进奖补政策，截至2020年底全国农村卫生厕所普及率达到68%以上。2021年中央一号文件指出，要实施农村人居环境整治提升五年行动，分类有序推进农村"厕所革命"，农村人居环境整治未来还有很大的提升空间。在基础设施建设方面，农村交通状况由15.20分提到49.40分，增长贡献率达到17.92%，但该指标2019年的得分总体还较低，仍需加快提升。在公共服务方面，农村最低平均生活标准占农民收入比由25.81%提高到了33.30%，对应指标得分从51.62分提高到66.13分，增加了14.51分，增长贡献率为7.60%，显著提升，但总体发展水平也依然较低。此外，农村供水普及率由59.57%提高到了80.98%，对应指标得分从62.71分提高到85.24分，增加了22.53分，增长贡献率达到11.81%。农村生态环境由于采用了森林覆盖率指标，普查数据结果的年度变化较小，但是对标2035年发展目标，目前实现值较高，达到了88.46分，按照现有发展速度，有望如期实现。由此可见，农村发展短板加快补齐的同时，未来仍面临持续优化提升的重要挑战，亟须加大农村基础设施和公共服务供给保障能力，全面优化农村生产生活和发展条件。

在农民现代化方面，增加农民收入、缩小城乡差距是未来农业农村现代化进程的重点难点。2013年以来，农民物质生活水平稳步提升，精神生活日益丰富。物质生活方面，农民人均可支配收入由10 615元提高到了16 021

元，对应指标得分从35.38分提高到53.40分，提高了18.02分，增长贡献率达到11.80%；农民恩格尔系数由37.66下降到了30，对应指标得分从66.38分提高到83.34分，提高了16.96分，增长贡献率达到11.11%。精神生活方面，农民受教育年限由7.71年上升到了7.92年，对应指标得分从70.05分提高到71.96分，增加了1.91分；城乡居民收入比由2.81：1下降到了2.64：1，对应指标得分从71.26分提高到75.64分，提高了4.38分。提升农民教育水平和缩小城乡收入差距是需要久久为功的慢变量，也是农业农村现代化发展中的难点，2013年以来两个指标的总体变化较小，增长贡献率也较低，分别为1.25%和2.87%。缩小城乡差距的关键还是要持续提高农村居民收入，对标2035年的收入目标，目前农村居民绝对收入水平也还相对较低。因此，"十四五"时期，要聚焦农民增收、提高农民受教育水平、缩小城乡差距等方面，强化政策举措，坚定信心，久久为功。

表5　2013—2019年全国农业农村现代化二级指标得分

指标名称	2013	2014	2015	2016	2017	2018	2019	贡献率/%
农业机械化水平	66.09	68.44	70.91	72.43	74.70	76.78	76.78	5.60
农业土地产出效率	39.15	41.19	42.79	44.59	46.04	48.00	52.25	6.86
农业劳动生产效率	27.37	30.51	32.94	34.98	37.06	39.95	39.95	6.59
农业可持续发展水平	69.22	68.87	69.25	69.74	70.97	73.37	76.76	3.95
粮食产出水平	74.19	73.83	74.63	73.84	80.11	80.30	81.71	3.94
农村生活环境	58.22	61.31	63.89	67.22	69.44	69.44	69.44	5.88
农村生态环境	83.08	88.46	88.46	88.46	88.46	88.46	88.46	2.82
农村供水状况	62.71	64.79	66.76	68.66	79.48	81.78	85.24	11.81
农村交通状况	15.20	20.90	26.60	34.80	38.60	44.60	49.40	17.92
农村低保状况	51.62	52.94	55.64	60.57	64.03	66.13	66.13	7.60
农民绝对收入	35.38	38.59	41.45	43.99	47.01	50.12	53.40	11.80
农民物质消费	66.38	74.47	75.64	77.54	80.19	83.14	83.34	11.11
农民受教育程度	70.05	69.88	67.95	69.96	70.91	71.29	71.96	1.25
城乡收入差距	71.26	72.73	73.23	73.56	73.81	74.48	75.64	2.87

（三）各地区农业农村现代化发展评估

东部、中部、西部、东北地区各维度及综合得分如表6所示。

东部地区综合水平最高，显著高于全国平均水平；中部、西部、东北地区农业农村现代化综合水平则低于全国平均水平。2019年，东部地区的农业农村现代化发展水平最高，居四大区域首位，综合得分为75.74分；其次是东北和中部地区，综合得分均在68分左右；西部地区发展较为滞后，综合得分为63.50分。分维度来看，东部地区的农村、农民维度得分均超过其他地区，农业维度的得分仅次于东北地区，其中农村维度得分为81.96分，农民维度得分为79.63分，均处于领先水平；农业维度得分为65.63分，仅次于东北。东北地区的农业维度得分最高、农村维度得分最低，农民维度得分仅次于东部地区，其中农业维度得分为66.99分；农村维度得分仅为61.65分，与东部地区相差近20分；农民维度得分为76.73分，与东部地区相差近3分。西部地区的农业、农民维度得分最低，农村维度得分仅高于东北地区，其中农业维度得分为57.16分，比东北地区低9.83分；农民维度得分为66.08分，比东部地区低13.55分。

中部和西部地区的得分增幅高于东部和东北地区，各地区的发展差距正在逐步减小。从各区域的发展变化来看，中西部地区发展成效显著，农业农村现代化综合得分增长最快，2013—2019年间分别提高了12.56分、11.70分。其次，东北地区提高了9.55分，增幅略高于东部地区。

总体上，我国近年来的农业农村现代化发展，全面建设小康社会，以及打赢脱贫攻坚战等工作取得了显著成效。结合各区域的差异来看，东部地区优势在于农村和农民现代化，其短板弱项在于农业现代化；东北地区的农业现代化是其优势，但在农村现代化与全国平均水平的差距仍然突出；中部地区保持了全国中等水平，在农业现代化方面与东部地区差距不大，在农村和农民维度上还具备极大的发展潜力。各区域应发挥各自在农业、农村、农民不同维度的潜力后劲，注重补短板，扬长处。

表6 2019年分区域各维度得分情况

区域	农业维度	农村维度	农民维度	综合	2013—2019年变化
东部	65.63	81.96	79.63	75.74	9.48
中部	63.68	67.78	73.57	68.34	12.56
西部	57.16	67.26	66.08	63.50	11.70
东北	66.99	61.65	76.73	68.46	9.55

四、结论与建议

（一）结论

从全国来看，我国农业农村现代化成就显著，整体水平不断提高。党的十八大以来，脱贫攻坚和全面建成小康社会取得了巨大成就，农业农村现代化的整体水平得到极大飞跃。农业农村现代化综合得分从2013年的56.71分提高到2019年的69.44分，每年的增长速度约为3.4%。农业、农村、农民三个维度的得分均呈现稳定上升的趋势。农村维度得分的增长幅度相比于农业和农民维度更明显。按照目前的增长趋势，我国有望在2035年之前基本实现农业农村现代化。

从农业、农村、农民三个维度来看，农业劳动生产率增长缓慢，农村基础设施和公共服务落后，农民增收和缩小城乡差距是未来农业农村现代化进程的重点难点。在农业现代化方面，农业劳动生产效率增长放缓，今后需重点通过人才培养、农业科技应用和机械化生产来带动农业生产力提升。在农村现代化方面，重点要关注农村人居环境、农村交通状况和低保水平的改善，政策支持力度的倾斜将使得这些方面在未来依然有很大提升空间，加强农村基础设施建设和公共服务应是未来农业农村现代化发展主攻的方向。在农民现代化方面，农民持续增收将是未来实现农业农村现代化的重中之重。农民受教育水平、城乡收入差距在过去几年间的增幅小、贡献率低，反映出提升农民教育水平和缩小城乡收入差距是农业农村现代化发展中的难点。

从区域来看，东部地区综合水平最高，高于全国平均水平，中部和西部地区农业农村现代化综合水平有显著提升，但地区差距依然明显。东部地区的综合得分为75.74分，高于全国平均得分69.44分。2013—2019年中部和西部地区的综合得分分别提升了12.56分和11.70分，增长幅度远高于东部和东北地区。近年来，中西部地区农业农村现代化水平不断提高，但地区差距依然明显，东部地区的现代化水平明显高于中西部地区。

（二）政策建议

通过指标体系的构建，本文发现了当前农业农村现代化评价研究中存在的不足，并通过初步的试算比较分析发现，相比较全面建设社会主义现代化国家的重大任务，农业农村发展仍然面临不少短板弱项。新时期推进农业农村现代化，要重点关注以下几个方面。

持续提高农业劳动生产率对经济增长的贡献。加快劳动力由农业向非农就业转移，为城乡融合发展、土地流转、适度规模经营创造有利条件。持续推动面向农业农村的教育体制改革，以培养新时代新型高素质农民为中长期发展目标，推动职业教育与田间生产紧密衔接，优化培训课程体系，满足农民对于实际生产和市场认知方面的多样化知识需求。强化科技对农业的支持力度，通过劳动力现代化转型带动农业现代化转型。充分重视智慧农业、绿色生态农业在实现农业发展方式转变中的关键地位，强化政策顶层设计和财政支持力度。大力推进农业社会化服务，提升农业机械化发展规模与集约化水平。结合各地区经济社会发展水平和资源禀赋状况，因地制宜走适度土地规模经营之路。

强化农村基本公共服务供给县域统筹。要以县域为单位，以城乡融合为重点，强化加快补齐农村基础设施建设和公共服务供给短板。加快完善政府主导、村民参与、社会支持的投入保障机制。中央财政资金重点向中西部和欠发达地区倾斜，推进基本生活保障设施工程建设，允许县级政府整合相关涉农资金，形成合力。加强基层管理能力建设，完善农村民主决策机制、村务公开制度，更好发挥村务监督委员会、村民理事会等基层组织作用。组织开展专业化培训，把当地村民培养成为村内公益性基础设施运行维护的重要力量，开发多种形式的农村基础设施养护公益岗位。

加快构建促进农民持续增收的长效政策机制。不仅要从制度层面改革，包括户籍制度、农村土地制度、农村集体产权制度等，消除劳动力在城乡之间流动的机制障碍，还要在医疗、教育、养老等公共服务领域进行改革。一方面，强化乡村产业支持和服务业发展，带动欠发达地区产业结构调整，拓宽农民增收渠道，盘活建设用地重点，用于支持乡村新产业新业态和返乡下乡创业。另一方面，加大农村地区人力资本投入，尤其是加强农村基础教育和职业技能培训，加大对欠发达地区农村家庭学生资助力度。高度关注农村"老龄化""空心化"等现象，加大农村养老和医疗服务的财政投入力度，让农民"老有所乐""老有所养"。让农民与土地结合起来，让农民在身体上和心理上都有安全感。逐步消除城乡二元结构的不公平，从根本上缩小城乡居民收入差距，让广大农民在共同富裕的道路上不掉队。

加快建立农业农村现代化监测评价体系。当前很多重要指标的数据可得性较差。一些领域尽管非常重要，如农业全产业链价值核算、数字乡村等，但是目前相关指标的统计工作还没有正式纳入国家统计系统，尚缺乏对应的客观统计指标。还有一些关键指标属于各部门内部统计数据，信息公开度不够。亟须完善重要领域关键指标的量化工作，体现农业农村现代化的时代特征。要以"强、美、富"和"高、宜、富"的农业农村现代化目标为指引，加快建立监测评价制度体系，构建农业农村现代化大数据平台，引入第三方开展试评价，在实践中不断优化完善评价指标体系，科学研判我国农业农村现代化进程及存在的突出短板弱项。

参考文献

[1] Jones P M. Agricultural modernization and the French revolution[J]. Journal of Historical Geography, 1973(1): 38-50.

[2] Ploeg J D. From de-to repeasantization: The modernization of agriculture revisited[J]. Journal of Rural Studies, 2018, 61: 236-243.

[3] Weber A. Agricultural modernization in market and planned economies: The German experience[J]. Studies on Comparative Communism, 1973(3): 280-300.

[4] Ye J Z. Land transfer and the pursuit of agricultural modernization in China[J]. Journal of Agrarian Change, 2015, 15(3): 314-337.

[5] 陈锡文. 实施乡村振兴战略, 推进农业农村现代化 [J]. 中国农业大学学报（社会科学版）, 2018, 35(1): 5-12.

[6] 杜志雄. 农业农村现代化: 内涵辨析、问题挑战与实现路径 [J]. 南京农业大学学报（社会科学版）, 2021, 21(5): 1-10.

[7] 郭翔宇, 胡月. 乡村振兴水平评价指标体系构建 [J]. 农业经济与管理, 2020(5): 5-15.

[8] 何蕾, 辛岭, 胡志全. 农业现代化研究的知识基础、趋势与前沿——基于 CiteSpace V 的文献计量分析 [J]. 农业现代化研究, 2020, 41(3): 373-384.

[9] 韩磊, 刘长全. 乡村振兴背景下中国农村发展进程测评及地区比较 [J]. 农村经济, 2018(12): 44-48.

[10] 黄季焜, 胡瑞法, 易红梅, 等. 面向 2050 年我国农业发展愿景与对策研究 [J]. 中国工程科学, 2022, 24(1): 11-19.

[11] 黄瑞玲, 余飞, 梅琼. 苏、浙、粤全面小康社会实现程度的比较与评价——基于江苏高水平全面建成小康社会指标体系的测算 [J]. 江苏社会科学, 2018(5).

[12] 黄祖辉, 李懿芸, 马彦丽. 论市场在乡村振兴中的地位与作用 [J]. 农业经济问题, 2021(10): 4-10.

[13] 姜长云, 李俊茹. 2035 年中国特色的农业农村现代化指标体系研究 [J]. 全球化, 2021(4).

[14] 蒋和平.改革开放四十年来我国农业农村现代化发展与未来发展思路[J].农业经济问题, 2018(8):51-59.

[15] 蒋和平, 杨东群.新中国成立70年来我国农业农村现代化发展成就与未来发展思路和途径[J].农业现代化研究, 2019, 40(5): 711-720.

[16] 卢昱嘉, 陈秧分, 康永兴.面向新发展格局的我国农业农村现代化探讨[J].农业现代化研究, 2022, 43(2): 211-220.

[17] 毛锦凰.乡村振兴评价指标体系构建方法的改进及其实证研究[J].兰州大学学报（社会科学版）, 2021, 49(3): 47-58.

[18] 司伟.经济转型过程中的中国农业农村现代化[J].南京农业大学学报（社会科学版）, 2021, 21(5): 11-19.

[19] 覃诚, 汪宝, 陈典, 等.中国分地区农业农村现代化发展水平评价[J].中国农业资源与区划, 2022: 1-12.

[20] 王兆华.新时代我国农业农村现代化再认识[J].农业经济问题, 2019(8): 76-83.

[21] 王文隆, 夏显力, 张寒.乡村振兴与农业农村现代化：理论、政策与实践——两刊第五届"三农"论坛会议综述[J].中国农村经济, 2022(2): 137-144.

[22] 辛岭, 蒋和平.我国农业现代化发展水平评价指标体系的构建和测算[J].农业现代化研究, 2010(6): 646-650.

[23] 辛岭, 王济民.我国县域农业现代化发展水平评价——基于全国1980个县的实证分析[J].农业现代化研究, 2014(6): 673-678.

[24] 辛岭, 刘衡, 胡志全.我国农业农村现代化的区域差异及影响因素分析[J].经济纵横, 2021(12): 101-114.

[25] 夏春萍, 刘文清.农业现代化与城镇化、工业化协调发展关系的实证研究——基于VAR模型的计量分析[J].农业技术经济, 2012(5): 79-85.

[26] 徐志刚, 郑姗, 刘馨月.农业机械化对粮食高质量生产影响与环节异质性——基于黑、豫、浙、川四省调查数据[J].宏观质量研究, 2022, 10(3): 22-34.

[27] 叶兴庆, 程郁, 赵俊超, 等.新发展阶段农业农村现代化的内涵特征和评价体系[J].改革, 2021(9).

[28] 叶兴庆. 新时代中国乡村振兴战略论纲 [J]. 改革, 2018(1): 65-73.

[29] 张应武, 欧阳子怡. 我国农业农村现代化发展水平动态演进及比较 [J]. 统计与决策, 2019(20).

[30] 张挺, 李闽榕, 徐艳梅. 乡村振兴评价指标体系构建与实证研究 [J]. 管理世界, 2018, 34(8): 99-105.

由"治"到"用"：发达国家推进种养结合的政策实践及经验启示

韩冬梅　赵泽华　白珊珊

（河北大学经济学院）

摘　要：推进种养结合是实现农业绿色发展最重要也是最有效的路径，发达国家在推进实施养分管理计划、规划养殖布局、严格政策压实经营主体责任以及充分发挥社会化服务链接种养主体、实现种养循环方面积累了一定的经验。本文通过分析德国、荷兰、美国和日本在推进养殖业种养结合方面从政策体系设计到实施落地方面的做法，针对我国目前在推进种养结合中面临的问题，从构建并完善种养循环政策体系、构建多级尺度种养循环模式、基于区域资源环境特征合理规划养殖布局以及充分利用社会化服务四方面提出政策建议。

关键词：种养结合；国际经验；养分管理；污染防治；社会化服务

种养结合是实现农业绿色发展最基本，也是最有效的形式。然而进入20世纪80年代以后，大规模施用化肥替代了传统的农家肥，种养循环的链条开始被打破，既种且养农户的占比快速下降，从1986年的71%大幅下降到2018年的12%，单纯耕种的农户从26%增加到57%，单纯饲养的农户保持在5%左右，农户层面种养循环的链条基本断裂。畜禽粪便从可以利用的农家肥变为需要治理的农业废弃物，不仅导致农业资源利用出现严重错位，也造成种植业和养殖业的双重污染。纵观发达国家的养殖业发展历程，许多农业发达国家在养殖业规模化发展过程中，曾面临严重的环境问题。随着各国种养模式的不断创新和实践，对养殖粪便实现了由"治理"到"利用"的转变，通过种养结合不仅解决了环境污染问题，还促进了种养业的升级和可持续发展。总结借鉴发达国家在推进种养结合、实现种养循环型农业方面的政策设计以及如何推动政策落地方面的成功经验，有助于我国探索有效的种养管理模式、完善相关政策，推进种养循环链条的重建。

一、发达国家养殖业及种养循环的发展进程

（一）规模化、集约化水平逐渐提高，养殖业发展模式有所区别

从各国农业发展来看，总体上规模化、专业化和集约化是养殖业发展的趋势，但各国在养殖规模和发展模式上仍有所区别，大致可分为四种类型。

规模化经营在加拿大和美国的农业领域取得了显著的成就。这些国家拥有广阔的土地资源，以及强大的资金和技术支持，为规模化农业的发展提供了坚实的基础，然而这些国家也面临劳动力短缺的挑战。自第二次世界大战结束以来，美国农场经历了显著的兼并过程，农场数量从1940年的610万个逐渐减少到200万个，但农场的平均面积显著增加。大型农场不断替代中小型农场，大农场在总农场数中占比仅为24.4%，却拥有高达87.8%的农业土地。产业化发展主要采用"公司+农户"的合同模式，农场与企业通过建立稳定的供销合同关系，实现供销一体化。

适度规模的畜禽养殖模式，代表国家有荷兰、德国和法国。这些国家拥有适宜畜牧业发展的地理和气候条件，以及较高的经济发展水平和比较稳定的人口规模。但他们同时也面临劳动力资源不足的问题，所以他们推崇规模适度、农牧相结合的农业生产模式。这些国家实施以"家庭农场+专业合作组织+合作企业"为核心的产业化发展模式。如欧盟奶业主要生产国超过90%的牛奶生产者都是各种奶业协会的会员。

集约化畜禽养殖模式，代表性地区包括日本、韩国和中国台湾地区。这些地区普遍拥有较高的经济和科技水平，但也面临人口密度高、土地资源有限的问题，主要发展集约化、资本和技术密集型的家庭农场畜禽养殖。"农

户+农协+企业"的合作模式通常是其产业化发展的主要模式。例如，日本的农业发展体系中，合作社和各类专业协会在对畜禽产品的饲料采购、养殖生产、产品流通等方面都可以进行全过程服务以及提供技术指导。

现代草原畜牧业模式基于自然草场或人工草场，采用围封放牧的方法，实现自然资源、生态环境与生产活动相协调。新西兰、澳大利亚、阿根廷和乌拉圭等国均采用这种发展模式。这些国家普遍具有丰富的自然资源和良好的生态环境，大片的草场适宜发展大规模的牛、羊等畜牧业。"家庭农场+专业合作社+专业合作企业"是其产业化发展的主要方式，此外，这些国家拥有发达的养殖专业协会，这些协会旨在帮助养殖户了解行业信息、做出科学决策，从而提升整个行业的收益和效率。

（二）种植业和养殖业的分离导致环境问题逐渐凸显

从世界现代畜牧发展的总体过程和趋势来看，规模化（投入品、技术、资本）和专业化（以单一产品为主）仍然是当前的主流。从1950年起，欧美发达国家的畜牧业经历了显著的转变。这些国家大力发展专业化的畜牧养殖，规模不断扩大，在农业中的比重逐渐增加。然而，集约化的养殖方式也带来了环境方面的问题。养殖场产生的大量未作处理和回收利用的畜禽粪便及污水，成了严重的环境污染源。畜禽粪尿中的磷流失也是导致河流污染的主要农业污染源之一。据统计，欧洲农业排放的磷是导致地表水总磷污染的主要原因；美国中部地区的地表水污染中65%的总磷和37%的总氮归因于畜禽粪便的排放。此外，化肥、除草剂和杀虫剂的长期大量使用也导致了土壤板结和土地肥力下降，同时也污染了河流和地下水。农业污染问题已严重制约了发达国家农业的可持续发展。在此状况下，许多农业发达国家在严格控制农业污染的同时，也开始重新审视种养结合在农业系统中的价值和作用。

（三）对有机农业的呼声增加是促使种养重新结合的推动力之一

自20世纪70年代起，随着对生态环境保护的日益重视，发达国家开始探索常规农业之外的新型农业模式，进而引发了一场向"替代农业"转型的运动。主要包括生态农业、有机农业、生物农业和自然农业等。这些新型农业模式强调生态平衡与可持续性，逐渐成为主流。英国、荷兰、比利时等国在2000年发生了一次大规模的牲畜疫情，欧洲消费者对传统"工厂化"畜牧产品的信赖受到极大冲击，逐渐将目光投向天然有机产品，消费者开始要求畜禽的饲养过程应遵循动物的自然生长规律，并重视动物福利。为了回应这种需求的转变，欧盟国家对有机农产品进行补贴，极大地提高了欧洲农产品生产者的积极性。自然畜牧业成为欧洲畜牧业发展的主导趋势。这种畜牧方式注重品种的选择、饲料的来源和养殖过程的自然化，强调至少90%的饲料需要是自产，以确保养殖过程的自然性和可持续性，这种做法与种养结合的农业生产系统完美契合。美国是最早提出并推行有机农业的国家，美国农业部1980年发布关于有机农业的发展报告，鼓励农户从事有机农业生产。1990年，美国国会制定了《有机食品生产法案》，严格规范有机食品的生产规程、国家标准及认证体系。此后，美国有机市场规模呈指数级增长，从2000年的96亿美元激增到2019年的544亿美元。欧洲各国20世纪80年代以后也纷纷出台了相关法律，如丹麦的《有机农业法》和奥地利的《奥地利食品法典》。欧盟1991年通过的《欧盟有机农业法案》成为欧盟各国发展有机农业的共同标准。

二、主要发达国家推行种养结合的政策及实践

（一）德国

德国是欧盟农业生产大国之一，也是世界上畜牧业最发达的国家之一，养殖畜种主要有猪、牛、家禽等。来源于牛奶和牛肉的收入约占农民收入的25%，是世界第三大猪肉生产国，猪肉产量仅次于中国和美国。饮食习惯及畜牧业的高度发达，使得农业环境问题较早受到德国政府的高度重视，从20世纪80年代到90年代，德国逐步增加了农业环境保护相关政策措施。德国遵

循种植业规模决定养殖业结构和规模的思路，在畜牧业快速发展的同时，推动种植业向着规模化、专业化方向发展。德国约60%的耕地用来种植为家畜提供饲料的玉米等农作物，可以饲养超过2亿只（头）家畜，畜牧业和种植业逐渐结合并形成一定模式。贯彻落实环境友好的畜禽养殖产业模式，成为德国养殖业发展模式中的重要特征。

1. 依据土地面积与消纳能力确定养殖承载量

德国《循环经济与废弃物管理法》《联邦土壤保护与污染场地条例》等法律法规中规定，畜禽养殖场的规划设计必须经过农业部门审批才能建设，重点审核畜禽粪便的处理利用方式、配套农田面积、种植作物种类、土壤类型、农田坡度等，以判断配套的农田是否能够充分消纳养殖场畜禽粪便。同时，建设种养结合的混合型农场，可以获得20%的建设补贴资金。在法律法规的限制以及经济的激励下，德国约八成的农场都会考虑尽量在自己的农场内部实现种养结合，消纳掉自身产生的废弃物。如果养殖场配套农田数量不能消纳掉全部粪便，则必须与拥有足够土地面积的其他农户合作，以保证粪便可以被利用而不会造成环境危害。德国甚至要求养殖场在冬季必须根据季节特征调整存栏量以适应环境容量的变化。

2. 实施严格的肥料施用管理法律

德国对有机肥施用管理的法律主要有《肥料法》《经济肥料登记条例》《肥料条例》等。对有机肥的制作、施用条件、施用方式等都作出了详细的规定。如《肥料法》规定禁止在土壤锁定期、水饱和土壤、淹水土壤、冻土或者积雪土壤上施肥，违规罚款可高达15万欧元。对畜禽粪便和有机肥的施用时间、施用量、粪肥储存时间等都有明确规定。《肥料条例》对肥料需求量评估、施肥细则、存储能力等作出了非常细致的要求，如规定施肥前需要检测氮肥和磷肥的需求量；规定了有机肥料的最大用量，耕地不超过每年每公顷170千克，草地不超过每年每公顷210千克；为了避免将有机肥直接冲到水域中，还规定了施肥距离，对违法施肥者将予以行政处罚。德国对污染地区肥料的使用要求则更加严格，例如"170千克氮的规定"需要针对单块田地而不是基于农场平均值。

3. 推广农业社会化服务，从多层面协助农户实现种养结合

1864年，德国出现了第一个合作社组织，距今已有160余年的历史，德国也因此成为世界合作社的发祥地。农业合作社不仅为农户提供专业服务，包括农业和食品技术推广、卫生防疫、食品安全检测、生态农业发展等各方面的专业培训，还经常举办展览，相互交流学习，不断创新。德国农业合作社专业化程度高，例如，不仅会综合研究生猪饲料的营养和配方，并将研究成果在养猪场转化，还可以对饲料的营养成分进行检测分析，为养殖场提高生产水平和养殖效益提供技术指导和咨询服务。同时，农业合作社在德国农业新技术的普及和推广、农民培训方面也发挥了巨大的作用。农业合作社大力推广农牧结合，注重发展生态农业，重视畜禽粪污资源化利用，引导农户走农业可持续发展之路。

（二）荷兰

荷兰国土面积4.2万平方千米，人口1770万人，却拥有发达的畜牧业，是仅次于美国的世界第二大农牧产品出口国，被习近平总书记赞为"欧洲菜篮子"。荷兰畜牧业占农业产值的70%，是荷兰的三大支柱产业之一，在国民经济中占主导地位。荷兰养殖业的可持续发展，在一定程度上归功于采取了多种措施，建立了相关制度。

1. 多层面推行种养结合的可持续发展模式

20世纪80年代以来，荷兰政府为应对畜禽粪污导致的农业污染问题，开始转变以增产为导向的农业政策，遵循"以地定畜、种养结合"的理念，实现畜禽养殖量与区域内的牧草面积以及土壤的自净能力相匹配。20世纪70年代，荷兰就出台了《动物粪便法案》，严格限制养殖户的排放行为，规定将粪便直接排到地表水中为非法行为，规定了粪肥的施用时间及重复利用等要求。1984年，荷兰开始禁止新建养殖场，也不允许现有养殖场任意扩大规模。所有的畜禽养殖场和公司必须申请粪便排放许可，登记养殖规模，超过

规定标准的粪便排放必须缴纳处理费。在区域层面上建立畜禽粪便交易市场，支持建立大型粪便处置厂，未被利用的粪便统一管理，输送到粪肥短缺的大田作物生产区，促进区域之间的种养平衡。在产业结构和布局上，既优化产品结构，又根据不同区域特征，全面优化养殖区域布局。

2. 建立健全法规体系，细化种养循环的全过程管理

荷兰的农业在发展过程中经历了种养分离导致的养殖业污染控制、种植业肥料管控并存的阶段，最终发展成为种养结合条件下的农业全要素控制体系。荷兰的农业相关法律非常丰富，在畜牧业质量以及安全性保障层面上的法律制度甚至超过10部，在欧盟的农业法律体系中占有重要地位。21世纪以来，荷兰出台了《循环经济2050计划》《循环农业发展行动规划》等法规，通过种养结合实现废弃物利用最大化。同时，荷兰建立了多层面、全方位的监测系统，既有农场层面的登记和监测系统，也有全国层面的总量监测系统，不符合农业生产标准的相关行为将受到严惩，严重的还可能被起诉。

3. 合作共赢的农业合作制

荷兰畜牧业以家庭农场为主，生产的畜产品几乎完全相同，农户便相互联合起来并发展演变成可以提供多种服务的合作社。在荷兰，平均每个农户至少加入了3—4个合作社，利益共同体使得农户在遇到某一共同问题时能群策群力，共同解决。同时，这种服务组织不仅可以自下而上反映农民需求，为政府决策提供依据和建议，也可自上而下将某项政策有效地推广到农户，不断试验并有效推广。另一种农民组织体系是各种专业协会如奶牛协会、饲料协会等。荷兰农民收入中至少60%是通过合作社取得的。合作共赢的农业合作制度，不仅保护了农民利益，也使得种养结合被大力宣传和推广。

（三）美国

作为畜牧业养殖大国，美国畜牧业的年产值约达到农业总产值的48%，养殖畜种主要有牛、羊、猪、禽类等。美国是仅次于中国的生猪养殖大国，也是世界上最大的猪肉和猪肉制品出口国。美国养殖业规模化、专业化和集

约化自20世纪80年代以来不断发展，2020年以来，美国生猪养殖场数量约为6万家，年生猪出栏量达到1.1亿头。在养殖规模化水平不断提高的同时，畜禽养殖带来的污染问题业已成为影响美国水环境质量的重要因素。美国淡水环境中大约1/3的氮和磷都来自养殖业生产。从切萨皮克海湾流域的河流里检测出的激素类污染物，也都和畜禽粪肥还田相关。在此背景下，推行严格末端排放管制以推进种养一体化实现环境目标和资源有效利用，成为美国养殖业发展模式中的重要特征。

1. 实施基于种养循环的畜禽粪便综合养分管理计划

20世纪以来，美国生猪养殖业经历了从家庭农场到规模化养殖场的转变，同时在养分管理方面也不断改进。在20世纪40年代之前，美国生猪养殖业主要是将粪尿直接还田利用，虽然实现了一定程度的养分循环，然而也存在严重的养分流失，对环境造成了较大的影响。此后，美国通过立法和政策引导，逐步形成了以综合养分管理计划（CNMP）为核心，结合《清洁水法案》以及"590"营养管理保存标准等一系列法规的政策体系。CNMP基于技术层面，从种养循环的视角对饲料投入粪便处置的全生产周期的管理计划作了明确的规定。1999年，美国出台了《规模化畜禽养殖业战略》，要求所有畜禽养殖场都需要制订综合养分管理计划，来减轻对水质及公共卫生的影响。同时，美国还开发了种养结合配套的一系列技术和设备，如液体粪肥运输系统、养殖养分综合管理软件，以及各种专用设备和多类农田施肥技术。此外，美国还加强了对综合养分管理实践活动的财政支持力度，并设立了养分管理的相关专业和课程。

2. 制定严格的养殖污染排放控制政策

美国对污染源管理遵循分类施策的思路。2003年，美国《清洁水法案》将规模化畜禽养殖场的排放管理纳入国家污染物排放削减制度体系（NPDES）。NPDES是美国管理污染源排放的核心制度，2008年及2012年的两次修订中，粪便综合养分管理计划都是该制度的主要内容。NPDES规定，新建或现有大中型养殖场需根据粪便产生量、可利用的农田面积、储存能力、处理能力等情况申请排污许可证。未取得NPDES排污许可证的养殖场不得向环境排放污染物。规模养殖场须按排污许可证的规定管理及排放废弃物，须按要求制订养分管理计划，定期检测并记录粪便和土壤等的相关情况，并定期向管理部门提交报告，违反排污许可证要求会受到相应处罚。对于规模以下的养殖场，将其视为非点源，协助规模以下养殖场经营者采用最佳养分管理技术。对于水质已经超标的水体，还需要将养殖排放纳入水质达标规划中，实施基于日最大负荷量（TMDLs）的管理计划。

3. 基于饲料成本合理布局，推进种养纵向一体化生产模式

基于饲料成本优势对生猪养殖业合理布局。美国约80%的生猪生产主要分布在玉米种植地带，为生猪养殖提供充足且廉价的饲料玉米。美国政府对玉米的补贴政策，进一步减少了养殖的饲料成本。饲料生产的内部化推动种养一体化，是美国实现种养循环的重要方式。通过产业内部资源整合，美国养殖业形成了纵向一体化的生产方式。大型养殖企业与农场主签订生产订单，统一组织生产、加工和销售，作物种植、牲畜喂养、粪便还田三个体系中的每个环节都高度重视种养结合。例如，美国排名前10位的饲料公司大多有内部关联的养殖场，美国从事商品饲料生产的企业也通常与养殖企业实行订单生产，通过合约形式将饲料生产和生猪养殖有效绑定。饲料生产和加工业被内化为一体化生产链条中的一个环节，不仅节省了成本，也大大推进了种养循环。

（四）日本

受到人多地少、农地资源短缺、水资源匮乏、能源不足等因素制约，日本畜禽养殖场以中小规模为主，大部分养殖场周围没有足够的农田消纳畜禽粪便。因此，日本对养殖业废弃物的管理仍以无害化处理为主，只在农田面积较为充足的北海道建设大规模的奶牛养殖场，粪污经过氧化塘储存后作为肥料还田用于饲草和农作物种植。

1. 制定严格的养殖规模限制和污染防治政策

20世纪70年代开始，日本养殖业造成的环境污染已经十分严重，甚至发生了严重的"畜产公害"事件。对此，日本先后出台了多部法律严格限制畜禽粪污的排放。如《废弃物处理与消除法》规定，在城镇等人口密集地区，畜禽粪便必须经过处理才能排放。养殖场猪超过50头、牛超过20头、马超过50匹时，就必须通过申请获得所在地政府的许可方能经营。《防止水污染法》规定达到一定规模的畜禽养殖场（猪2000头、牛800头、马2000匹），废水必须经过处理，符合排放标准才能排放。《恶臭防止法》对畜禽粪便产生的恶臭气体中8种污染物的浓度制定了标准，一旦超出允许浓度，便会被强制停产。

2. 较高的政府财政投入和补贴制度

日本在畜禽粪污资源化利用方面主要采用政府高额补贴、低息贷款和税收优惠等方式来推进。如对建设现代化的猪、鸡、牛养殖场，政府会给予总投资40%的补贴，建设畜禽养殖污染治理设施，农户只需支付25％的建设费和运行费用。农牧业发展所需的资金可以申请政府低息贷款。对生产有机农产品和主动减少化学投入品使用量的农业生产者，以及生产供应化肥农药替代品的企业，通过"绿色投资促进税"制度实行税收优惠。此外，日本高度重视对农业科学技术的研发应用以及人才的培训。自1960年以来，日本农业科研经费投入持续增加，近年来中央和地方政府投入农业科研的经费占到农业GDP的2.2％左右。另外，日本政府每年都会拨出专款，用于资助和支持对农协专门人才的教育和培训。

3. 充分发挥行业组织的作用

日本在农业领域成立了大量可以提供全面服务的互助合作组织以及各类综合与专业协会，涉及畜牧业生产、加工、流通与贸易的各个环节、各个部门以及各个地区。全国性畜牧业生产者合作组织就有30多个，如畜牧振兴事业团、中央畜牧会、畜牧技术协会、全国奶农合作社联合会。农户通过与农畜产品加工企业建立联结，获得产品技术指导并防范销售风险。日本农协是最重要的农合组织之一，不仅负责指导农业经营活动、帮助农民对接市场，而且承担着服务农民生活的角色，是连接政府与农民的桥梁。日本依据《农业协同组合法》建立了包括全国农协、都道府县农协和市町村农协3个层次的农协组合。在促进农业专业化、集约化发展，提高农业综合生产能力方面起了非常重要的作用，并成为推进种养循环的有力保障。

三、国际经验总结

（一）制定综合养分管理计划并通过系统、严格的法律法规予以落实

发达国家普遍拥有较详细、严格的法律法规体系，为推进种养结合农业系统的发展提供明确的依据和可靠的保障。如美国在联邦和州两个层面，都对畜禽粪便管理的各个环节制定了完善的法律法规，建立了基于环境质量达标的政策体系和管理机制，为畜禽废弃物的管理划定了明确的约束界限。规模化养殖场必须申请并取得排污许可证，必须制订养分管理计划并定期对土壤进行监测，确保农田能够消纳养殖场排放的粪便量并不会污染环境，规模以下的养殖场排放也必须受到管理，确保区域环境质量达标。丹麦除严格执行欧盟出台的法律法规外，在种养平衡和按需施肥的"和谐原则"下，根据本国情况制定了《水环境行动方案》《流域管理计划RBMPs》等法律法规，在粪污管理和利用等方面制定了更加严格的要求。如丹麦对养猪场所允许的最大氮排放量是每公顷土地140千克，而欧盟对此的规定是170千克。

（二）基于科学性和经济性视角合理规划地区养殖布局

发达国家普遍重视种养结合的方式，大多采用了综合养分管理计划，采取种植规模决定养殖规模的原则，限制无规划的大规模畜禽养殖，根据种植作物品种、数量和养殖种类、数量合理进行产业布局。在实施限制的同时也采取了一些灵活性的措施，如欧盟国家推行的"种养平衡区域一体化"畜禽养殖业模式下，养殖场可以通过购买、租用农田或者与种植业农场签订粪污

排放合同的方式，来实现扩大养殖规模的目的，当然前提是保证有足够的土地吸纳畜禽粪污。同时对因保护环境而降低单位面积载畜量的生产者进行额外补贴。美国以玉米带种养结合为特色的种养一体化模式综合考虑了资源优势、人力成本和环境成本，对于我国如何合理化养殖产业布局具有一定的借鉴意义。

（三）压实责任，严格排放端分类管理

养殖场必须制订科学的养分管理计划，并通过严格的排放管理政策落实到位，这是推动养殖废弃物综合利用的关键动力。如美国将一定规模以上的养殖场作为点源管理，必须申请NPDES排污许可证，规模以上养殖场必须制订养分综合管理计划并纳入排污许可证，排放污染物必须保证实现连续达标排放，从而实现从过程到末端都有了规范和标准，也在一定程度上倒逼养殖企业不断改进粪肥管理技术，提高资源化利用水平。分散养殖户虽未实施严格的排放管理，但同样被按照非点源纳入各级政府的非点源污染管理计划，实施基于最佳管理实践政策（BMPs）和日最大负荷管理计划的流域综合管理计划。发达国家分类管理的思想，尤其是基于环境质量达标为最终目标，协同点源和非点源管理的政策体系和实践经验，比如美国针对流域管理尤其是非点源管理的经验对我国完善畜禽养殖污染防治政策乃至规范流域水质管理制度都具有一定的借鉴意义。

（四）全面高效且高度专业化的社会化服务

发达国家大多形成了专业化、综合性的农业合作社和合作组织体系，不仅提供全面的生产服务，降低了生产的不确定性，也提高了生产效率，在种养结合方面更是发挥了重要作用。如日本构建了以家庭经营为主，融合合作经营、企业经营和社会化服务组织的多元化经营体系，社会化服务组织可以提供农牧业产前、产中和产后的一条龙服务，实现生产要素的优化配置和组合，最大限度地发挥整个产业链条的规模效应。德国高度专业化的合作社，

研究成果可以直接在养殖场转化，为养殖户提供技术支持和咨询，还可以提供培训，提高农户的生产技能和经营管理能力。此外，合作社也提高了农民的市场地位和谈判力量，帮助节约交易费用和改善市场失灵。不同产业的合作社之间也可开展合作与资源整合。譬如丹麦DLG集团是著名的饲料生产商和供应商，丹麦皇冠集团有130多年的生猪养殖和屠宰技术，2021年两者通过合作分享农户生产数据，分析整个生猪价值链的优化机会，非常精确地计算出哪种混合饲料能给猪群带来最高的生产力，以及如何降低成本。

四、对我国的启示及政策建议

（一）构建基于区域环境质量目标的多领域、多层面的种养循环政策体系

我国现有养殖污染防治及推进资源化利用的政策，虽然出台了《畜禽规模养殖污染防治条例》《种养结合循环农业示范工程建设规划》以及《"十四五"全国畜禽粪肥利用种养结合建设规划》等政策文件，规模以上的养殖场也被纳入排污许可证的管理范围，但无论对养殖废弃物资源化利用，种养结合的方式和路径，还是养殖的污染控制，从政策层面来看都是相对割裂的，并未形成一个完整的政策体系，目标也并不明确。种养结合只是一种手段，并不是最终目标，最终目标一定是资源、环境以及生产三方面的协调发展。从执行层面来看，如何实现"以地定养"仍然停留在研究和政策引导的范畴，并没有对养殖场提出强制性要求，规定其配套还田种植面积，《排污许可证申请与核发技术规范 畜禽养殖行业》（HJ 1029—2019）中对养殖场申请排污许可也没有对粪肥养分管理的相关要求，更未与区域环境质量目标相结合。加之有机肥施用的成本和便利性约束，大量的养殖场并没有足够的动机实现粪肥的有效利用。实现农业种养循环绿色发展，首先，从政策上，应在更广泛的领域，从环境质量管理目标、资源优化利用等多层面构建管理框架和制度体系。其次，在执行上，遵循从微观到宏观的管理思路，细化"以地定养"的养分综合管理计划，并通过养殖场排污许可证细化主体责

任并强制执行，同时结合区域环境管理规划和目标，形成系统的管理框架。最后，从政策手段来看，需要将命令控制和经济激励手段相结合。对规模以上的养殖场，严格末端控制仍然是有必要的，需要从政策层面明确压实粪肥还田的相关责任，提高种养结合的源头动力。并在此基础上通过补贴、税收优惠等政策进行引导。

（二）构建小中大循环相互促进、协调发展的多级种养循环体系

我国现有种养循环模式总体上较为单一和局限，大多仅关注微观种养户层面的种养结合，尚缺少中观层面产业间种养循环以及区域间种养循环模式的研究和构建。完整的种养循环体系应是以就地消纳、循环利用为主线，包括农户自循环、产业间循环、社会大循环的多级种养循环体系。微观层面以促进农户内部小循环为目标，推广应用"猪—沼—果（菜、茶）""稻鱼（虾、蟹）共生""秸秆—基料—有机肥—蔬果"等生态种养模式；中观层面以实现种养合作产业间循环为目标，通过合作社和龙头企业等新型经营主体提供服务，或通过建立粪肥存储和管理等基础设施，在村庄内部或村落间实现种养产业间的合作循环；在宏观层面以实现区域间全产业链循环为目标，不断延伸种养循环模式包括的所有环节和链条，围绕种养产业集聚区，打造区域特色种植业、养殖业、加工业循环利用产业链条，通过完善农业生产绿色投入、绿色加工物流、废弃物回收利用等产业链集成发展，实现种养加产业链横向扩展和纵向延伸，提高种养循环综合效益，从而实现社会层面大循环。鼓励各地区结合当地种养特征，创新种养循环模式，探索出适宜当地发展又不失当地特色的种养循环模式。

（三）加快建立适合我国国情的养分管理计划，并基于区域资源环境特征合理布局

2022年发布的《"十四五"全国畜禽粪肥利用种养结合建设规划》将全国分为7个区域，要求按照每个区域的地理特点、养殖种类、规模化程度和耕

地质量等情况构建区域种养结合模式。在这个过程中，首先，应按照区域特征尽快制订并完善区域养分综合管理计划，完善区域养分管理计划的基础性研究和监测机制。其次，要按照最小区域尺度确定种养结合的布局范围，在区域合理和最大承载量的基础上，有原则地进行布局，这个区域尺度通常不应该大于县域。最后，在区域养殖结构和规模的确定上，不能仅考虑以地定养，而应是"以短定养"。要基于区域资源环境短板要素规划养殖结构和规模。综合考虑资源、环境、社会和经济等多要素系统的优势和劣势，尤其应以最稀缺要素而非最丰富要素，作为确定区域养殖上限的依据。如北方缺水地区就应该以水定养，南方土地稀缺的地区就应该首先考虑以地定养。同时进一步细化短板因素，如在以地定养的地区，结合养分管理计划和区域环境质量包括土壤管理目标，选择最大风险要素作为养殖规划的底线依据。

（四）从消费端引导，并充分利用社会化服务打通种养循环堵点

2023年中央一号文件提出要"实施农业社会化服务促进行动"，作为"促进农业经营增效"的重要渠道。试点政策也明确了要扶持社会化服务主体来推动种养循环，但目前农业社会化服务市场发育还不健全，在推进种养循环过程中主要还是靠政府补贴推动，无论是种养主体还是可以提供相关服务的第三方都缺乏动力。一方面，需要对不同层面种养结合的实现路径进行优化，优化的原则是满足效果、效率和公平性，目标是实现无害化、减量化、资源化和收益最大化。合作社和龙头企业带动是目前比较符合我国国情的农业经营模式之一，需要进一步探索建立种养主体和社会化服务主体之间的利益衔接机制，明确主体分工和权责关系。另一方面，通过完善有机农产品认证、农业碳标识等标识制度，用价格机制和技术支持引导农民种植有机食品、采用低碳环保的种植和养殖模式，同时结合相关的补贴政策，将绿色低碳农产品的生态价值真正转化成农户的收益，并通过市场机制形成良性循环。

参考文献

[1] Belsky A J, Matzke A, Uselman. Survey of Livestock Influences on Stream and Riparian Ecosystem in the Western United States[J]. Journal of Soil and Water Conservation, 1999, 54(1): 419-431.

[2] Booth A M, Hagedorn C, Graves A K, et al. Sources of Fecal Pollution in Virginia's Blackwater River[J]. Journal of Environmental Engineering, 2003, 129(6):547-552.

[3] Franzluebbers A, Hunt D, Telford G, et al. Integrated crop–livestock systems: lessons from New York, British Columbia, and the south-eastern United States[J]. Frontiers of Agricultural Science and Engineering, 2021, 8(01):81-96.

[4] Ritter W F. Agricultural nonpoint source pollution: watershed management and hydrology [M]. Los Angeles: CRC Press LLC, 2001: 136-158.

[5] Jin S Q , Zhang B, Wu B, et al. Decoupling livestock and crop production at the household level in China[J]. Nature Sustainability, 2021,4(1).48-55.

[6] Bai Z H, Ma W Q, Ma L, et al. China's livestock transition: driving forces, impacts and consequences [J]. Science Advances，2018(4): 1-11.

[7] 董红敏，左玲玲，魏莎，等. 建立畜禽废弃物养分管理制度 促进种养结合绿色发展 [J]. 中国科学院院刊, 2019, 34(02): 180-189.

[8] 韩冬梅，金书秦. 畜禽养殖污染防治的国际经验与借鉴 [J]. 世界农业，2013(5): 8-12.

[9] 胡钰，张斌，谷保静，等. 推进种养结合的制约因素及政策建议 [J]. 中国乳业，2021(11): 149-154.

[10] 冀名峰，辛国昌，刘光明，等. 中德环境友好型畜牧业发展比较：现状和对策——中德农业政策对话工作组赴德国、荷兰调研报告 [J]. 世界农业, 2019 (02): 15-19.

[11] 金耀忠，俞向前，王政，等. 荷兰现代畜牧业发展的成功经验及其启示 [J]. 上海畜牧兽医通讯, 2017 (02): 62-64.

[12] 李玉红. 农业规模化经营的外部性分析——一个生态环境角度的考察 [J]. 重庆理工大学学报（社会科学），2016(7): 37-43.

[13] 刘声春，王桂显，孙丽娟，等. 德国畜禽粪污资源化利用政策与技术装备研究 [J]. 中国奶牛，2020(09): 57-61.

[14] 李瑞鹏，吴广昊. 发达国家农业农村现代化的共性特征与经验启示 [J/OL]. 当代经济管理，1-12[2024-01-23].

[15] 马健，虞昊，罗小娟. 农业绿色发展视角下美国有机农业的成功经验与政策启示 [J]. 中国生态农业学报（中英文），2022, 30(03): 470-483.

[16] 毛世平，张帅，张舰. 美国、欧盟和日本农业合作社发展经验及其借鉴 [J]. 财经问题研究，2024(01): 115-129.

[17] 王晓梅，辛竹琳，何微，等. 荷兰农业绿色发展政策现状及对中国的启示 [J]. 农业展望，2022, 18 (06): 24-29.

[18] 吴天龙，习银生，朱增勇. 我国"南猪北上"可借鉴美国玉米带生猪养殖做法 [J]. 农村工作通讯，2017(21): 61-62.

[19] 王加亭. 日本畜牧业发展概述 [J]. 中国畜牧业，2020(09): 42-44.

[20] 邢晓燕，李秀义. 生猪产业稳定发展目标下养殖规模化研究——兼析美国生猪规模化养殖的主要做法 [J]. 价格理论与实践，2022(04): 80-83.

[21] 张弦，闫燕，王思雪. 德国畜牧业概况 [J]. 中国畜牧业，2020(15): 47-49.

[22] 赵雪洁. 荷兰生态畜牧业的法律制度研究 [J]. 黑龙江畜牧兽医，2020 (10): 28-32.

基于双边市场理论的农村产权流转交易市场建设研究

赵翠萍　何燊炜　侯　鹏

（河南农业大学经济与管理学院）

摘　要：促进农村产权流转交易市场建设是加快全国统一大市场建设不可或缺的一环，亟须从理论和实践层面梳理市场建设现状，为地方政府建设农村产权流转交易市场提供理论依据和政策建议。本研究在阐述农村产权流转交易市场的双边市场属性及其特征基础上，分析农村产权流转交易市场的发展现状及存在问题。研究表明：农村产权流转交易市场具有双边市场的一般性质及特殊性，全国规范化市场覆盖面不足一半，省域整合趋势凸显。存在市场建设缺位、协同度不高、发展活力不够，以及监管体系和风险防控机制不健全等问题。本研究结合双边市场理论提出如下建议：逐步完善农村产权流转交易市场体系，巩固县域市场下沉式布局，提高市场服务水平，强化市场监督管理和风险防控机制。

关键词：双边市场；农村产权流转；交易市场

一、引言

习近平总书记强调，"通过发展农村经济、组织农民外出务工经商、增加农民财产性收入等多种途径增加农民收入，不断缩小城乡居民收入差距，

基金项目：国家社会科学基金"传统农区集体经济组织双重治理的实践逻辑、驱动机理与协同优化研究"（22BJY179）；教育部人文社科基金"确权能实现农地抵押贷款吗？——河南9个试点县的跟踪研究"（19YJA790121）；河南省现代农业产业技术经济评价体系岗位专家基金（HARS-22-17-G4）。

让广大农民尽快富裕起来"。目前，我国农村居民收入不管是绝对数值还是相对数值，均处于低位徘徊状态，尤其是财产性收入仍有进一步增长的空间。从绝对数值看，2021年农村居民人均可支配收入为18 930.9元，低于城镇居民人均可支配收入60.1个百分点；从收入构成看，我国农村居民的财产性收入与城镇居民的财产性收入悬殊，农村居民的财产性收入为469.4元，低于城镇居民的财产性收入90.7个百分点①。由此可推断，城乡收入差距中，财产性收入是拉开两者差距的重要因素。而我国农民财产性收入构成主体是土地财产性收入，这对增加农民财产性收入具有重要推动作用，对缩小城乡居民之间收入差距具有决定性作用，农民的土地财产权益以及农村大量未被盘活和利用的资源、资产等都亟须充分释放。党的二十大作出了关于畅通城乡要素流动的战略部署，而服务于城乡要素流动的农村产权流转交易市场建设是关键一环，是提高农民财产性收入、实现共同富裕的基础。2023年4月《农村产权流转交易规范化试点工作方案》正式印发，这是继2014年《国务院办公厅关于引导农村产权流转交易市场健康发展的意见》印发以来，党中央时隔九年对农村产权流转交易市场发展的进一步完善。目前，农村产权流转交易市场尚属于探索阶段，其建设成效与建成"高效规范、公平竞争、充分开放的全国统一大市场"紧密相关，亟须从理论和实践层面探索完善。

双边市场在连接市场参与者时具有天然的网络性和规模经济优势，相较于其他交易市场，农村产权流转交易市场具有双边市场的特征。双边市场理论是一种区别于传统产业组织理论的学说，其市场定价特点是不再按照边际成本进行定价，对双边市场中用户收取的价格不对称，通常是一边收取高价，另一边用户收取低价或不收取费用，甚至补贴，其目的是让两边的交易主体均留在市场中，这与农村产权流转交易市场一般仅向受让方收取小额度的交易费用和向出让方实施政策减免一致。因此，本研究以双边市场理论为基础，基于对湖北武汉、湖南汉寿、河南濮阳、四川德阳、广西田东、广东

---

① 数据来源：《2022年中国统计年鉴》《2022年中国农村统计年鉴》。

广州六县、市的调研，对现有农村产权流转交易市场的建设情况进行梳理，以期为地方政府建设农村产权流转交易市场提供理论依据和政策建议。

二、农村产权流转交易市场建设的理论分析

双边市场，即交易通过中介平台进行。双边市场自身并不生产产品，仅为交易提供交易空间和交易机制，实现双方或多方间达成交易的目的。由平台为交易双方提供服务或商品，并收取一定费用，该模式自早期的双边配对市场发展而来。双边交易市场存在两个典型特征，交叉网络外部性和价格结构非中性。其中，交叉网络外部性是识别双边市场的关键特征，双边市场的交易双方是相互作用的，由于交叉网络外部性效应会随着市场的运营在交易双方之间传导，一方的利益大小取决于另一方的参与数量和规模，买方受平台中的卖方数量吸引，卖方也受到平台中的买方数量吸引。而价格结构非中性，即价格结构（市场向各方用户收取费用的比例）会影响进入市场的客户参与量，进而影响交易量。

农村产权流转交易市场具备信息传递、收集与发布功能，以及为交易双方提供咨询服务、开展资产评估和抵押担保等功能，发挥市场在交易中的中介功能。市场在运营过程中会收取少量费用，以维持其运营状态。农村产权流转交易市场的建立需要一定规模的流转交易主体，交易双方的需求能够在市场上互补，并通过市场交易产生更多价值，即农户、村集体经济组织等有闲置的资源、资产，下乡资本、农村新型经营主体等有产业发展需要，各方交易的整体效用取次于对方参与市场的程度。农村产权流转交易市场具有双边市场特征，是一种典型的双边市场，图1为农村产权流转交易市场的双边市场结构。

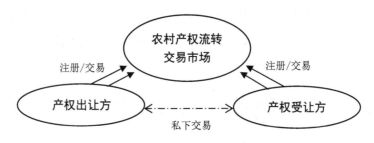

图 1　农村产权流转交易市场的双边市场结构

三、农村产权流转交易市场的双边市场性质分析

农村产权流转交易市场作为一类双边市场，具有双边市场的一般性质。同时，又由于农村产权交易活动的特殊性，使农村产权流转交易市场同时具有自身的特殊性。结合湖北武汉、湖南汉寿、河南濮阳、四川德阳、广西田东、广东广州六县、市的调研分析我国农村产权流转交易市场的双边市场性质。

（一）农村产权流转交易市场的一般性质

如前所述，双边市场的典型特征分别为交叉网络外部性和价格结构非中性。其中，市场参与主体之间存在交叉网络外部性。农村产权流转交易市场是由产权交易机构、产权出让方、产权受让方等多方共同参与，具体包括提供交易服务的交易机构、农户、农村集体经济组织、新型农业经营主体、政府、涉农企业、其他下乡资本。出让方和受让方类似"哑铃"的两端，"哑铃"两端的参与主体之间相互影响，被称为交叉网络外部性。该性质表现为参与主体一方的数量对另一方是否选择参与市场具有重要意义，如果出让方越多，市场上的资源资产越丰富，可供受让方选择的空间也越大，反之，如果受让方越多，由此带来的对农村资源资产的需求增加，相应的价格也会增加，能够带动市场的繁荣。价格结构非中性是由交叉网络外部性带来的，向一方收取的费用增加，随着成本的上升，导致另一方的需求减少，例如，对承包地经营权的出让方收取的费用增加，进入市场的出让方数量减少，从而降低受让方的效用，反之亦然。因此，为了吸引更多的市场参与者，产权交易市场定价宁愿牺牲收益，甚至采取补贴措施鼓励进场交易。

（二）农村产权流转交易市场建设的特殊性质

农村产权流转交易市场较其他市场具有特殊性，是极具中国特色的非标准化资本市场平台的重要组成部分。交易市场从形态上可区分为包括省、市、县（区）级农村产权交易所及其下辖的镇、村服务站的有形市场和由私下交易或通过非正规平台交易的无形市场，也可划分为正规市场和非正规市场、政府主导和隐形流转等。其交易内容包括承包地、"四荒"地、林地经营权以及校舍、村部使用权，还有林木、农业生产设施设备的流转。还包括小型水利设施设备等有形资产的流转和农业类知识产权等无形资产的流转。产权流转交易涉及农户、村集体经济组织、新型农业经营主体、外来投资者以及政府等，但由于参与交易的农户发布和获取信息的能力较弱，在自发流转交易的过程中易产生经济利益纠纷及流转不合规等情况，极易造成社会不稳定因素。因此，农村产权流转要依托健全的农村产权流转交易市场为载体，实现降低交易成本和防范各类风险的目的。

四、农村产权流转交易市场的建设现状分析

从市场覆盖程度看，全国约2/5的省份建立了省级交易市场，1/4的地市建立了市级交易市场，3/10的县建立了县级交易市场，规范化市场的覆盖面不足一半[①]。实际开展交易业务的农村产权流转交易市场以县市为主，承担区域内交易信息收集发布、受理交易咨询和申请、组织流转交易、出具交易鉴证、协助办理产权变更登记手续等综合服务工作。乡镇多设置服务站点，

[①] 作者根据《2022年农村政策与改革统计数据》中"农村产权流转交易市场基本情况"及《2023年中国统计年鉴》中"全国行政区划"计算得出。

主要用于收集信息，并不提供交易功能。省级市场主要负责统一平台和交易系统开发、建设，制定技术标准和规范，制定交易规则、操作流程、规范文本，数据与信息统计、汇总、分析和监督预警等工作。

从市场区域发展现状看，农村产权流转交易市场省域整合趋势凸显。一些地区农村产权流转交易市场从县域为主扩展到覆盖省域范围，形成了省—市—县—乡的四级框架，职能分工明确，协作程度较高。如广西壮族自治区确立北部湾产交所为全区统一的产权市场建设主体。形成"1+N"模式，其含义是除全区农村产权交易市场监督管理统一端口外，主要由县（市、区）级农村产权流转交易服务中心负责本地市场的培育，并提供交易配套服务，承担市场监督管理职能，而田东县是广西第一家县级农村产权流转交易中心设立县。湖北省建立了以武汉农交所为龙头的农村产权流转交易市场体系，全省农村产权流转交易市场实行"六统一分"的运行机制，并由武汉农交所负责全省农村产权流转交易数据库的建设、维护和数据备份。

从市场参与者规模看，农村产权流转交易市场具有双边市场的网络外部性特征，即平台一边用户的数量与质量，受另一边用户数量、质量的影响。其原因在于，实现规模经营的前提是要转入大量土地，截至2023年底，全国种粮家庭农场场均种粮面积148.8亩，农民合作社社均拥有土地经营权作价出资面积460.1亩[①]。实践中，由于各地农村产权流转交易的信息首先在村级汇集，村委会或村股份经济合作社通过村内资源的整合降低流转成本，经过整合后的农村资源资产在一定程度上增加规模经营效益，可以吸引更多新型经营主体的参与。以2021年武汉市场农村产权交易情况为例，出让方以村委会为主，受让方以企业为主，产权流转规模也较明显高于普通农户经营耕地规模。

---

① 资料来源：新型农业经营主体保持良好发展势头，农业农村部网站，https://www.moa.gov.cn/xw/zwdt/202312/t20231219_6442997.htm.

五、农村产权流转交易市场发展问题

（一）市场建设缺位，各地市场发展差异较大

目前，近一半的省、市、县尚未建立农村产权流转交易市场，且各地政府授权市场的业务范围不同，各地市场发展差异较大。现阶段部分地区农村产权流转交易市场建设缺位，未形成完善的农村产权流转交易市场体系，不利于城市社会资本投资农业。其中，省、市级农村产权流转交易市场统筹区域内农村产权交易的能力较强，但县级农村产权流转交易市场由于资金、场地和人员限制，地方政府授权有限，部分市场业务范围较窄，仅能开展政府要求和交办的农村集体产权交易或与政策试点相关的农村产权交易业务。如濮阳市场的建立背景为"两权"抵押贷款试点，因而以开展产权抵押贷款为主要业务，又如汉寿市场的建立背景为农村集体产权制度改革试点，因而以开展农村集体产权交易为主要业务。而未设交易市场的县市，仅能依靠现有农村经营管理部门力量开展业务。

（二）市场协同度不高，统一规范发展难度大

农村产权流转交易市场协同度不高体现在两个方面。一方面，尽管一些地方建立了省、市、县级农村产权流转交易市场，但仍存在区域协作基本为零、"各自为战"的市场模式，特别是在县级政府或事业单位建设的产权交易市场，以及由民营企业建设的产权交易市场。相比于有区域协同支撑发展的市场，"各自为战"的产权交易市场容易缺乏资金和政策支持。另一方面，在当前农村产权市场分割的背景下，如果没有最大限度地凝聚潜在客户，将会因市场交易双方数量的不足出现不利于发现交易标的真实市场价值的现象，线上交易平台是潜在交易者最易获得交易信息的工具，尽管多数市场都能够实现线上交易的功能，但尚未实现区域化协同建设。调研发现，濮阳县农村产权交易未能与市级平台相衔接，相关工作缺乏上级部门的指导与

支持。汉寿县农村集体产权交易中心市场依托的建设主体不同，导致上下级沟通不通畅，与体系内其他市场间的交流协同不够。

（三）市场发展活力不够，可持续性较差

激发农村产权交易活力是确保市场可持续发展的重要前提。现阶段，潜在交易主体进入市场的动力不足，农村各类资源资产尚未实现"应进必进"的目标，市场可持续性较差。其中，产权交易主体积极性不高体现在两个方面：一是相较于有融资贷款、涉农补贴申报需求的企业，数量更多的普通农户更倾向于选择更为便利的场外流转交易。二是多数地区由于市场建设刚刚起步，区域影响力有限，功能、运行机制等还不完善，产权交易信息发布渠道较窄，市场的知名度较低。此外，农村各类资源资产特别是农村集体资产的入场率偏低，市场的监管能力有限，对"应进必进"项目的约束不严。此外，由于场外交易存在信息不对称、价格不透明、手续不完善等隐患，存在一定的监管盲区，如林权、土地流转等，交易双方私下签订的协议书易存在协议书条款不完备或没有保证金等情况，一旦受让方中途放弃经营，出让方农户的利益很难得到保障。

（四）监管体系缺位，风险防控机制不健全

一方面，农村产权交易涉及管理部门众多，缺少统一监督管理。现阶段，各地农村产权流转交易市场的交易品种包括农户承包土地经营权、林权和"四荒"经营权等，并在创新中逐渐丰富，部分农村产权交易市场的业务范围已从单一的产权交易逐渐拓展为工程招标、政府及非政府采购、抵押贷款、农业保险和指标交易等，涉及多个部门，统一监督管理难度较大。另一方面，农村产权交易市场的风险防控机制尚未建立。以濮阳县农村产权抵押贷款业务为例，其贷款发放对象以农户、新型经营主体、农村集体经济组织为主，贷款用途为农产品生产、加工、销售和项目投资等，由于农业生产投资周期长，见效慢，极易受自然条件和市场波动的影响，因而其收益的稳定

性不强，极易产生坏账风险，而市场尚未形成一套完整的抵押贷款风险处置机制，无法快速、有效处理风险。

六、结论与建议

农村产权流转交易市场作为"全国统一大市场"建设的重要组成部分，应加快发挥畅通城乡要素流动、激活农村资源要素潜能的作用，增加农民财产性收入。但是，市场建设缺位，协同度不高，发展活力不够，以及监管体系和风险防控机制不健全等问题，导致农村产权流转交易市场没有发挥应有的作用，亟须提升农村产权流转交易市场建设水平。因此，提出如下四条建议。

第一，在市场建设的总体思路上，从双边市场的角度看待农村产权流转交易市场建设，逐步完善农村产权流转交易市场体系。保持农村产权流转交易市场的独立性和中立性，不断淡化其行政色彩，仅为产权交易双方提供服务，不参与具体的业务谈判过程；总结提炼典型市场的经验做法，示范带动市场建设水平的整体提升，因地制宜、统筹利用现有资源，探索建立多种形式的农村产权流转交易体系；允许平台适当收取交易费用，形成正向激励，确保平台持续运行，应尽快出台相关文件统一收费指导价，规范收费行为，根据平台运行服务机构的性质，其收费分别纳入行政事业性收费和经营服务性收费管理。

第二，在市场建设的协同发展方面，从双边市场交叉网络外部性特征出发，巩固县域市场下沉式布局。由于农村产权的区位性和非标性，各地农村产权流转交易市场的发展基础是由地缘优势形成的，而市场的有效运行以交易量为保障。因此，利用双边市场交叉网络外部性特征，巩固县域农村产权流转交易市场发展，加强县、乡、村三级农村产权流转交易服务体系建设，完善农村产权流转交易市场"下沉式"布局，提高农村产权交易市场双边参与主体的黏性；打破因市场建设模式不同而产生的壁垒，加强相关部门的业务指导、协调沟通，对产权流转交易规范运行情况进行评估，提升区域市场战略协同层次和水平。此外，在创立阶段，还应对县域市场给予必要的补贴，帮助其更好承担公益性服务职能，提高产权交易市场的积极性，待其发育成熟后，逐步淡化政府补贴，推进市场化运作。

第三，在市场建设的可持续性方面，基于双边市场理论的分析可知，交易主体的规模和需求是影响市场的关键因素。因此，应进一步提高市场的服务水平，满足市场交易主体的多元需求以提高市场参与者的规模。一是完善农村产权交易市场建设，特别是完善乡、村两级服务站点设置，提升人员业务素质；优化农村产权流转交易流程，利用市民之家等政务服务场所开展"一站式"服务。开发手机客户端、小程序等应用软件提高入场交易的便捷性，实现让数据多跑路，百姓少跑腿，吸引更广泛的潜在交易主体通过规范化产权交易市场进行交易。二是提高市场的信息整合力度，满足交易主体服务需求。提供线上发布产权信息、受理交易咨询和申请等服务。与不动产登记、产权抵押贷款、农村"三资"管理平台等互联互通，及时发现潜在交易需求，提高产权交易市场区域影响力。整合银行、担保、评估第三方机构拓展服务内容，如通过农村产权抵押融资服务，补偿因借款人违约造成的损失，并利用市场机制挖掘农村产权抵押物的潜在价值。通过科学、专业和权威的评估服务，逐步推动评估标准和结果在更大范围内通用，为产权交易及抵押、担保等工作提供前提。通过农业信贷担保服务，探索符合各类经营主体尤其是新型农业经营主体融资需求特征的农业信贷担保路径，缓解融资难题。

第四，为确保市场建设稳步推进，还应进一步强化市场的监督管理和风险防控机制。一是强化监督管理。各级政府尽快成立由农业农村、自然资源、水利、林业、市场监管、金融监管等有关部门组成的农村产权流转交易监督管理委员会，承担组织协调、政策制定等职责，负责对农村产权流转交易市场运行指导和监管；应进一步完善农村产权交易规则。明确各类产权的入场交易条件、拓展入场交易品种、完善各品种交易规则，特别是要有序引导农村集体产权流转交易，制定确保集体产权交易项目"应进必进"的配套管理制度；促进农村集体经济组织、农户、新型农业经营主体、社会公众等各类监督贯通融合，利用农村产权流转交易信息平台查询交易信息，使交易透明化、留痕化，形成长效监督合力，不断增强监督效能。二是提升风险防控能力。首先，应加强交易市场内控建设，提高交易事前、事后环节的风险防控水平。建立农村产权交易市场村级预先审核机制，完善事前监督，确保交易信息的真实性；加强交易后对交易主体在资源资产开发利用过程中的动态督察，进一步防范交易风险。其次，严格规范金融服务行为，进一步整合惠农补贴、农业保险、机构担保、巨灾防范等政策措施，多渠道防范风险，充分调动商业银行创新金融产品支持"三农"发展的积极性，确保农村产权抵押贷款健康运行。最后，加强信息系统风险防控，利用区块链技术核验交易双方身份信息，增强交易公信力的同时提高信息安全性。利用线上交易平台实现"不见面交易"，以随机生成的竞买号替代产权交易买方信息，有效预防围标、串标，保证农村产权交易的信息安全性。

参考文献

[1] Armstrong M. Competition in two-sided markets[J]. The RAND journal of economics, 2006,37(3): 668-691.

[2] Gale D, Shapley L S. College admissions and the stability of marriage[J]. The American Mathematical Monthly, 1962,69(1): 9-15.

[3] 高强, 孔祥智. 新中国70年的农村产权制度：演进脉络与改革思路 [J]. 理论探索, 2019(6): 99-107.

[4] 关江华, 黄朝禧. 基于双边理论的农村宅基地流转市场模式研究 [J]. 华中农业大学学报（社会科学版）, 2015(6): 86-91.

[5] 洪霓, 于冷. 新型农业经营主体参与乡村治理：发生机制、历史逻辑与提升路径 [J]. 农业经济问题, 2023(12): 60-71.

[6] 李凌. 平台经济发展与政府管制模式变革 [J]. 经济学家, 2015, 199(7): 27-34.

[7] 梁伟. 村社本位与农业规模经营内生发展：机制与绩效 [J]. 南京农业大学学报（社会科学版）, 2022, 22(5): 51-61.

[8] 孙晋. 数字平台的反垄断监管 [J]. 中国社会科学, 2021(5): 101-127, 206-207.

[9] 王德福. 农村产权交易市场的运行困境与完善路径 [J]. 中州学刊, 2015(11): 49-53.

[10] 俞滨, 郭延安. 农地产权制度改革对农地抵押市场双重效应研究——以浙江农地抵押改革试点区为例 [J]. 浙江社会科学, 2018(4): 17-26, 155-156.

[11] 赵莉莉. 反垄断法相关市场界定中的双边性理论适用的挑战和分化 [J]. 中外法学, 2018, 30(2): 512-531.

ABSTRACTS

How can agricultural enterprises mitigate the risk of output fluctuation
-- From the perspective of digital sales transformation

Liu Yu, Liang Dong, Zhang Shuo

Abstract: The operational level of agricultural enterprises represents the current situation and development prospects of China's agricultural industry. To promote the high-quality development of the agricultural industry, it is essential to conduct in-depth research on the characterization and impact effects of the digital transformation of agricultural enterprises. This paper combines data from Alibaba China's paid members and industrial enterprise data to propose a method for measuring the digital sales transformation of agricultural enterprises. Using the dynamic difference-in-difference (DID) model and propensity score matching(PSM) method, the study examines the effect and mechanism of the digital sales transformation in mitigating output volatility of agricultural enterprises. The research findings are as follows: (1) The digital sales transformation of agricultural enterprises can effectively mitigate output volatility, and this result is robust under multiple tests; (2) Theoretical and empirical studies suggest that the digital sales transformation of agricultural enterprises mitigates output volatility by improving supply chain efficiency and expanding sales markets. This study is important for ensuring the stable and positive development of agricultural enterprises, promoting the integration of e-commerce and the agricultural industry, and advancing China's rural revitalization strategy.

Keywords: agricultural enterprises; digital sales; output volatility; PSM-DID;

supply chain efficiency

The Connotation, Characteristics, Qualification Requirements, and Management Mechanism of the Membership Rights of Rural Collective Economic Organizations

Gao Qiang, Zeng Hengyuan

Abstract: The membership rights of rural collective economic organizations are the core issue related to the orderly development of rural collective economy and the smooth realization of farmers' property rights and interests. Based on the practical experience of rural collective property rights system reform, this article summarizes the connotation, characteristics, basic functions, qualification requirements, and management mechanisms of the membership rights of rural collective economic organizations. Research has shown that the membership rights of rural collective economic organizations are essentially a mechanism for identity differentiation and benefit distribution, with both co-benefits and self-interest characteristics; The qualification requirements for the membership rights of rural collective economic organizations mainly include member boundaries and conditions for obtaining and losing qualifications; The key to the scientific management of the membership rights of rural collective economic organizations lies in improving the mechanisms for supplementing, adding, and withdrawing collective members, clarifying the rights and obligations of collective members, as well as their limitations and restoration conditions. The key to improving and perfecting the membership system of rural collective economic organizations lies in scientifically defining and dynamically managing the qualifications of collective members, accelerating the legislative process of collective economic organizations, in order to better serve the development of collective economy.

Keywords: Rural collective economic organizations; Membership rights; Membership; Qualification definition

Construction and regional evaluation on the index system of agricultural and rural modernization

Wang Xia, Wang Li, Zhang Bin

Abstract: Agricultural and rural modernization is the general goal of rural revitalization, and it is also a necessary condition for achieving common prosperity. Based on systematic interpretation of the concept of agricultural and rural modernization, we construct an evaluation index system which includes 14 representative indicators from three dimensions, which is agriculture, rural areas and farmers. By setting the 2035 target value, this paper uses the equal-weight method to evaluate agricultural and rural modernization across the country and provinces during 2013 to 2019. The results show that since the 18th National Congress of the Communist Party of China, the development of agricultural and rural modernization across the country has been steadily improved. The overall score increased from 56.71 in 2013 to 69.44 in 2019. Based on the regional comparison, the eastern area has the highest comprehensive level. While the agricultural and rural modernization in central and western regions has increased rapidly, there is still a significant gap compared with the eastern area. The future on agricultural and rural development still faces many challenges. The growth of agricultural labor productivity is slow. Rural infrastructure and public services are also lagging behind. Besides, increasing farmers' income and narrowing the gap between urban and rural areas will be the key difficulties. It is recommended to continuously improve the contribution of agricultural labor productivity to economic growth, strengthen the county-level coordination of the supply of basic public services in rural areas, accelerate the construction of a long-term policy mechanism to promote farmers' continuous income increase, and accelerate the establishment of a monitoring and evaluation system for agricultural and rural modernization.

Keywords: agricultural and rural modernization; evaluation; index system; regional comparison; equal weight method

From Prevention to Utilization: Policy Practice and Inspiration of Developed Countries on Promoting Combination of Planting and Breeding

Han Dongmei, Zhao Zehua, Bai Shanshan

Abstract: Promoting the combination of planting and breeding is the most important and effective path to achieve green agricultural development. Developed countries have accumulated certain experience in promoting the implementation of nutrient management plans, planning breeding layouts, strictly regulating the environmental responsibilities of planting and breeding entities, and fully leveraging social services to achieve planting and breeding cycles. This article analyzes the practices of Germany, the Netherlands, the United States and Japan in promoting the combination of planting and breeding from policy system design to implementation. In view of the problems currently faced in promoting the combination of planting and breeding in China, this article proposes policy suggestions from four aspects: building and improving the policy system of planting and breeding cycle, constructing a multi-scale circular mode of planting and breeding, reasonably planning the breeding layout based on regional resource and environmental characteristics, and fully utilizing socialized services.

Keywords: combination of planting and breeding; international experience; nutrient management; pollution prevention and control; social service

Research on the Construction of Rural Property Right Transfer Market Based on the Two-sided Markets Theory

Zhao Cuiping, He Shenwei, Hou Peng

Abstract: Promoting the construction of rural property rights transfer and transaction market is an indispensable part of accelerating the construction of a unified national market. It is urgent to sort out the current situation of market construction from the theoretical and practical levels, so as to provide theoretical basis and policy suggestions for local governments to build rural property rights transfer and transaction market. On the basis of explaining the bilateral market attributes and characteristics of rural property rights transfer market, this study analyzes the development status and existing problems of rural property rights transfer market. The research shows that the rural property rights transfer market has the general nature and particularity of bilateral market, the coverage of the national standardized market is less than half, and the trend of provincial integration is prominent. There are problems such as lack of market construction, low degree of coordination, insufficient development vitality, and imperfect regulatory system and risk prevention and control mechanism. Based on the two-sided market theory, this study puts forward the following suggestions: gradually improve the rural property rights transfer and transaction market system, consolidate the sinking layout of the county market, improve the market service level, and strengthen the market supervision and management and risk prevention and control mechanism.

Keywords: Two-sided Markets; Rural Property Rights Transfer; Transaction Market

投稿须知

一、投稿要求

1. 文章应当观点鲜明、论证严密、逻辑清晰、富有新意，语言简洁平易，不与现行的党和国家有关政策相抵触。

2. 文章须为原创学术成果，未曾公开发表，不存在剽窃、一稿多投、重复发表等学术不端行为。

3. 正文知网查重要控制在10%以下。

4. 标题应当简明、确切、具体，能够恰当反映论文内容，概括文章要旨，避免使用非公知的缩略语。必要时可加副标题。文章字数一般在15 000字以内（包含图、表、参考文献），文章用字应为简体字，字词与标点符号的使用须符合现代汉语规范。引文须在来稿前核准。

5. 作者与单位。文稿作者署名人数一般不超过5人，作者单位不超过3个。第一作者须附简介，包括工作单位、地址、邮编、年龄、性别、民族、学历、职称、职务；其他作者附作者单位、地址和邮编。

6. 文章须提供中、英文标题、摘要。内容提要篇幅在200～300字。内容提要之下是中文关键词。一般可选3～5个反映主要内容的术语作关键词，词之间用空格隔开。

7. 图、表要精选精简。图上坐标名称、符号和单位必须齐全。图中数字、符号要非常清晰，以免造成错误，为了方便在编审过程中修改图表，须附上可修改图片的电子原文件。

8. 文中的公式使用公式编辑器录入。

9. 标题层级。标题层级清晰，一般不宜超过4级。标题行和每段正文首行均空两格。各级标题末尾均不加标点。

10. 计量单位、数字、符号文稿必须使用法定的计量单位符号。

11. 参考文献实行实引制，限为作者亲自阅读、公开发表过的文献。参考文献文中不标注，统一列在文后，英文在前（按首字母顺序排列），中文在后（按拼音首字母排列）。

专著、期刊、报纸、电子文献等类型的参考文献著录格式请参考《信息与文献 参考文献著录规则（2015年版）》。

凡不按上述规范要求的来稿不能进入审稿程序。

12. 基金项目。有基金资助的研究，可以列示基金项目名称和编号。例如，国家社会科学基金资助项目"扩大内需研究"（07BJL021）。

二、来稿须知

1. 为便于及时联系，来稿请注明通讯作者联系电话和电子邮箱。

2. 内容引用

稿件中引用他人的数据和图表必须注明资料来源。由于引用不当引发的一切著作权的责任由作者自负。

3. 作者义务

稿件应保证不涉及国家机密，未侵犯其他人著作权，非一稿多投，若出现相关问题，由作者承担全部责任。

4. 样书数量

本书出版后，寄送每位作者1册样书。

5. 稿件修改

为保证本书质量，在尊重原文的基础上，编辑部有权对来稿作出必要修改。凡不同意修改者，请在来稿时注明。请作者自留底稿，恕不退稿。

6. 传播权限

稿件一经录用，其数字化复制权、发行权、汇编权及信息网络传播权转让予《中国农村经济评论》编辑部。本部在与国内外文献数据库或检索系统进行交流合作时，不再征询作者意见。

三、投稿方式

投稿信箱：nongjing_tougao@163.com（邮件主题请注明"中国农村经济评论-作者-单位"字样）。

《中国农村经济评论》编辑部

2025年3月